ヒゼ先生の無性に食べたくなる！

韓国ドラマの 定番ごはん

ヒゼ先生

はじめに

「今夜、あなたは韓国ドラマのどの料理を作りますか？」

はじめまして、チェ・ヒゼこと"ヒゼ先生"といいます。
私は日本に留学をして、日本の料理学校に通っていたので、
日本の文化も食料も大好きです。もちろん、日本語も話せます。

日本の友人たちの「韓国ドラマにハマって韓国料理を作ってみた！」
というSNS投稿をよく見ます。
本当ならば、私が飛んで行って教えてあげたいけれど、日本に行けるのは
しばらく時間がかかりそうなので、レシピ本を作ってみました。
紹介しているレシピは私のオリジナルで
ドラマの料理を100%再現しているわけではありません。
でも、おいしさは保証します。

韓国料理は野菜がいっぱい入っていてヘルシー。
飽きるどころか、無性に食べたくなります。
そして、今は韓国の食材も、自由に手に入る時代。
そんな一皿を、自分の手で作れたら、今よりもっと韓国通になれるはず。

ヒョンビンや、パク・ソジュンが作ったあの一皿を、
今夜は、あなたが作ってみてください！

ヒゼ先生

韓国料理を作るならば
これだけは揃えましょう

準備

韓国料理を作る前に揃えたいのがこの5つの食材。
韓国食材専門ショップやネット通販で簡単に手にはいります。

＞ コチュジャン

▌ 使いたいレシピ ▌

ビビンパ、キムチチャーハン、
甘辛ヤンニョム、鍋物など

＞ 韓国みそ（テンジャン）

▌ 使いたいレシピ ▌

サムギョプサル、ポッサム、
クッパ、ホルモン鍋など

韓国料理に欠かせない調味料。大豆の粒が残るように、粗めにつぶして独特のにおいが特徴。日本のみそと違い、煮立てるほどに風味が強調される。

米やもち米に麹、粉唐辛子などを合わせ、発酵させた韓国を代表するみそ。甘みとコクがあり、ビビンパに添えたり、鍋物、和え物などの調味に幅広く使われます。

ごま油

▌ 使いたいレシピ ▌

ジャガイモチヂミ、ケランチム、
ワカメスープ、タコ炒め、
アサリのお粥、キンパなど

おろしニンニク

▌ 使いたいレシピ ▌

タテギ、ビビンパ、キンパ、
サバの煮つけ、炒め物、
鍋物など

唐辛子粉

▌ 使いたいレシピ ▌

豚肉コチュジャン炒め、
辛口ジャージャー麺、
甘辛ヤンニョム、
タテギなど

韓国料理では欠かせない
刻みニンニク。日本のニ
ンニクを使っても構いま
せんが、刻まれているも
のを使えば調理が便利に。
韓国のニンニクは風味が
よくて味わい深い。

使用頻度も高い、乾燥赤
唐辛子の粉。種ごとひい
た粗びきと種を除いたパ
ウダー状の細びきがあ
る。実は見た目ほど辛く
なく、甘酸っぱい香りで、
料理に深みが出る。

韓国料理の風味づけに
は欠かせない油。韓国
では油というより、調
味料としての役割も多
く、日本のものよりも
深いいりで、風味も豊
かです。

目次

column

掲載ドラマ一覧 （18作品）

愛の不時着

パラグライダーの事故で、北朝鮮に不時着した財閥のユン・セリと、彼女をかくまっていくうちに愛に変わっていく将校のラブストーリー。

韓国放映日：2019年12月14日〜2020年2月16日（全16話）
キャスト：ユン・セリ（ソン・イェジン）、リ・ジョンヒョク（ヒョンビン）

ある春の夜に

図書館司書のジョンインはある日、薬剤師でシングルファーザーのジホと運命的に出会う。共通点が次々と見つかり距離が縮まっていく。

韓国放映日：2019年5月22日〜7月11日（全16話）
キャスト：イ・ジョンイン（ハン・ジミン）、ユ・ジホ（チョン・ヘイン）

梨泰院クラス

チャンガグループのチャン会長とその息子のせいで父親を亡くしたセロイが梨泰院に店をオープンさせて、奮闘するサクセスストーリー。

韓国放映日：2020年1月31日〜3月21日（全16話）
キャスト：パク・セロイ（パク・ソジュン）、チョ・イソ（キム・ダミ）

賢い医師生活

韓国ドラマファンには有名なイ・ウジョン脚本。ソウル大学医学部の同期で、医師生活10年目を迎えた、5人の男女に焦点を当てた物語。

韓国放映日：2020年3月12日〜5月28日（全12話）
キャスト：イ・イクジュン（チョ・ジョンソク）、チェ・ソンファ（チョン・ミド）

彼女はキレイだった

優等生の美少女から無職の残念女子に。冴えない太っちょから完璧なイケメンに。真逆の成長を遂げた二人の初恋探しを描いたラブコメディー。

韓国放映日：2015年9月16日〜11月11日（全16話）
キャスト：キム・ヘジン（ファン・ジョンウム）、チ・ソンジュン（パク・ソジュン）

キム秘書はいったい、なぜ？

財力もあり、ハンサム……、いうことなしのナルシスト財閥2世のヨンジュンと彼を完璧に補佐してきた秘書キム・ミソのラブロマンス。

韓国放映日：2018年6月6日〜7月26日（全16話）
キャスト：イ・ヨンジュン（パク・ソジュン）、キム・ミソ（パク・ミニョン）

サイコだけど、大丈夫

希望を持てない精神病棟の保護士ガンテと生まれつき愛を知らない童話作家ムニョンが互いに傷を癒し合うラブストーリー。

韓国放映日：2020年6月20日〜8月9日（全16話）
キャスト：ムン・ガンテ（キム・スヒョン）コ・ムニョン（ソ・イェジ）

ザ・キング （永遠の君主）

次元の門を閉めようとする大韓帝国皇帝イ・ゴンと愛を守ろうとする女刑事テウルが2つの世界を行き来しながら愛を育む。

韓国放映日：2020年4月17日〜6月12日（全16話）
キャスト：イ・ゴン（イ・ミンホ）、チョン・テウル（キム・ゴウン）

サンガプ屋台

人気ウェブマンガ原作。屋台のキレイなおばさんと純粋な青年がお客様の夢の中に入り、悔しさや恨みを晴らしていくファンタジードラマ。

韓国放映日：2020年5月20日〜6月25日（全12話）
キャスト：ウルジュ（ファン・ジョンウム）、ハン・ガンベ（ユク・ソンジェ）、クィ班長（チェ・ウォニョン）

9

知ってるワイフ

平凡な銀行員ジュヒョクは妻ウジンに毎日、責められていた。そんなときに、初恋の相手が現れ……一度の選択で違った今を生きることになる。

韓国放映日：2018年8月1日～9月20日（全16話）
キャスト：チャ・ジュヒョク（チ・ソン）、ソ・ウジン（ハン・ジミン）

スタートアップ ：夢の扉

韓国のシリコンバレー、サンドボックスで成功を夢見る若者たちの苦労と成長＆愛を描いた青春ドラマ。孫思いの祖母が仕掛けた嘘により物語が動いていく。

韓国放映日：2020年10月17日～12月6日（全16話）
キャスト：ソ・ダルミ（ペ・スジ）、ナム・ドサン（ナム・ジュヒョク）

青春の記録

モデルから俳優になるという夢と恋愛を成し遂げるために努力する青年の成長記録。パク・ボゴムの入隊直前の作品として話題に！

韓国放映日：2020年9月7日～10月27日（全16話）
キャスト：アン・ジョンハ（パク・ソダム）、サ・ヘジュン（パク・ボゴム）

チョコレート ：忘れかけてた幸せの味

クールな脳神経外科医イ・ガンと、心優しいシェフ・チャヨン。そんな二人の男女が、料理を通じてお互いの心を癒す、ヒューマンロマンスドラマ。

韓国放映日：2019年11月29日～2020年1月18日（全16話）
キャスト：ムン・チャヨン（ハ・ジウォン）、イ・ガン（ユン・ゲサン）

椿の花の咲く頃

田舎町でスナックを営むシングルマザーのドンベクと、彼女に思いを寄せる警察官ヨンシクのラブ×サスペンスを交えたヒューマンドラマ。

韓国放映日：2019年9月18日～11月21日（全20話）
キャスト：オ・ドンベク（コン・ヒョジン）、ファン・ヨンシク（カン・ハヌル）

ハイバイ、ママ

不慮の事故で"ゴーストママ"になったユリが、49日間この世で転生裁判されることに。しかし、夫は再婚して新しい家庭を築いていた！

韓国放映日：2020年2月22日～4月19日（全16話）
キャスト：チャ・ユリ（キム・テヒ）、チョ・ガンファ（イ・キュヒョン）

よくおごってくれる綺麗なお姉さん

結婚適齢期の独身女性が、海外から帰国した親友の弟と久しぶりに再会。眠っていた恋愛細胞を呼び覚ます純愛ストーリー。リアルな描写が話題に！

韓国放映日：2018年3月30日～5月19日（全16話）
（通常は16話ですが、本書ではNetflix日本版に習って24話で掲載）
キャスト：ユン・ジナ（ソン・イェジン）、ソ・ジュニ（チョン・ヘイン）

ロマンスは別冊付録

夫も家もお金も失った37歳のダニ。寝る場所を確保するために、弟同然の出版社の編集長ウノの家に転がり込み、一緒に住むようになる。

韓国放映日：2019年1月26日～3月17日（全16話）
キャスト：チャ・ウノ（イ・ジョンソク）、カン・ダニ（イ・ナヨン）

私たち、恋してたのかな？

ずっと恋愛から遠ざかっていたシングルマザーと4人のイケメンたちによる複雑な恋愛模様をコミカルに描いたヒューマンラブロマンス。

韓国放映日：2020年7月8日～9月2日（全16話）
キャスト：ノ・エジョン（ソン・ジヒョ）、オ・デオ（ソン・ホジュン）

ドラマに出てくる
韓国定番料理 **10**

スンドゥブチゲ
순두부찌개

 「梨泰院クラス」の居酒屋
タンバムのスンドゥブチゲ

居酒屋タンバムの看板メニュー。ヒョニが
出演した、TV番組「最強屋台」で優勝した
ときや、チャンガグループの会長に主役セ
ロイがごちそうする姿など重要シーンでい
つも出てくる料理。

ALBUM/アフロ

材料　1人分

絹豆腐	1丁
エビ	4尾
ホタテ	4個
卵	1個
水	300㎖
タテギ (P114参照)	大さじ3
あみの塩辛 (または、和風だし)	小さじ1
長ネギ (小口切り)	適量
薄口しょうゆ	小さじ1
塩	小さじ1

作り方 (所要時間：20分)

1. 絹豆腐に塩と薄口しょうゆをかけて、10分ほど
   置き、水分を出す。

2. タテギと水を加えて、火
   にかける。

3. 煮立ったら、1とエビとホ
   タテを加える。

4. 沸騰したら長ネギをのせ、
   卵を割り入れる。最後に
   あみの塩辛で味付けをし
   て、ひと煮立ちしたら火
   を止める。

POINT

油で唐辛子粉を炒めたタテギ (P114) は韓国スープや鍋料理によく使います。
多めに作っておけば、旨みを足したいときに便利。豆腐はスープに入れると水分
が出るので、最初に豆腐に下味をし、先に水分を出しておくことが大事です。

ジャガイモチヂミ
감자전

 「愛の不時着」第3話に
出てくるジャガイモチヂミ

"南"から来たジョンヒョクの婚約者を名乗る女を詮索しに、ジョンヒョク家を訪れる村の奥様方。手土産のジャガイモチヂミを差し出し、なんとかして家に上がり込もうとする。

Photofest/アフロ

材料　直径10cm×5〜6枚分

ジャガイモ（中）	2個
塩	少々
サラダ油	大さじ2
ごま油	大さじ1

【つけダレ】

万能しょうゆダレ （P108参照）	適量
万能ネギ（みじん切り）	適量

作り方 (所要時間：20分)

1. ジャガイモは皮をむき、1個は千切りにする。もう1個はすり下ろして、手で軽く絞っておく。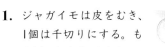

2. ボウルに1を入れ、塩を加え、手でもみながら混ぜる。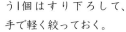

3. フライパン、またはホットプレートに サラダ油とごま油を熱し、2の生地を薄く広げ、中火で焼く。

4. こんがり焼き色がついたら、ひっくり返し裏面も焼く。

5. 器に盛り、万能しょうゆダレに万能ネギを入れたつけダレを添える。

POINT

韓国でチヂミはおかずというより"おやつ感覚"で食べるもの。カリっと焼くには、カロリーを気にせず、油をたっぷり使うのがポイント！　とろけるチーズを乗せてもおいしいですよ。

チャプチェ
잡채

材料　2〜3人分

乾燥春雨	100g
牛肉薄切り	50g
ピーマン	1/2個
玉ネギ	1/2個
ニンジン	1/4個
乾燥キクラゲ	2g
ごま	適量

A しょうゆ 小さじ1/2、水あめ（または、オリゴ糖）小さじ1/2、おろしニンニク 小さじ1、ごま油 小さじ1/2

B しょうゆ 大さじ1と1/2、梅エキス 大さじ1（または、砂糖 大さじ1/2）、、サラダ油 大さじ1、おろしニンニク 小さじ1/2

作り方 (所要時間：50分)

1. 春雨は表示の時間どおりにゆでて、水気を取っておく。ピーマン、玉ネギ、ニンジンは千切りにする。キクラゲは水で戻しておく。

2. 牛肉は**A**の調味料と一緒に混ぜて、約30分、置いておく。

3. フライパンにサラダ油を入れ、野菜を炒め、別のフライパンで牛肉を炒めて、最後にひとつのボウルに移す。

4. しょうゆダレを作る。鍋に**B**を入れ一煮立ちさせ、春雨を入れ、約10分ほど煮込む。最後にすべての野菜と肉を混ぜ、ごまをかければ完成！

 ## 「青春の記録」第1話に出てくるチャプチェ

ヘジュンは俳優になる夢をあきらめられず、バイトに明け暮れる毎日。一方、家族会議が日常のヘジュンの家では、豪華な食事を前にギョンジュンの就職祝いと父の金策の話がされていた。

 POINT

チャプチェは慶事に欠かせない料理。先にしょうゆダレを煮込むことで春雨がのびにくくなります。日本と韓国の春雨は違うので、チャプチェ用の太い春雨を使うとよいでしょう。野菜は冷蔵庫にあるものだけでもOK！ 春雨と別々に炒めると野菜がしんなりとしすぎません。

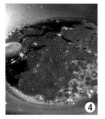

サムギョプサル
삼겹살

Everett Collection/アフロ

 「賢い医師生活」第5話に
出てくる**サムギョプサル**

医学部同期で、同じ病院に勤務する5人の
医師。多忙な日々の息抜きになっているの
が5人でのバンド活動だ。ある日、集結し
た面々はサムギョプサルで腹ごしらえを
し、練習に興じる。

材料　2人分

豚バラ肉	300g
ニンニク	適量
サンチュ	適量
エゴマの葉	適量

【みそダレ】

韓国みそ（または、赤みそ）	大さじ1
ピーナッツバター（無塩）	大さじ1
水あめ（または、はちみつ）	大さじ1
梅エキス	大さじ1
（または、砂糖1/2）	

【トッピング】

キムチ、チーズ、生唐辛子

【つけダレ】

ごま油	適量
塩・こしょう	適量

作り方 (所要時間：20分)

1. 熱したフライパン、またはホットプレートに、豚バラ肉を広げて並べる。

2. 食べやすい大きさに切り、両面に焼き色がつくまで焼く。

3. 途中、5mm程度の厚さに切ったニンニク、キムチ、チーズも一緒に焼く。

4. 肉から出た余分な油はキッチンペーパーで取り除く（韓国では食パンで吸収させることも）。
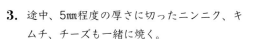

5. サンチュやエゴマの葉を広げたら焼きあがった肉、ニンニク、みそダレ、お好みのトッピングをのせて包む。ごま油に塩・こしょうを入れたタレをつけて食べる。

 POINT

トッピングのキムチは熟成した古漬けがおすすめ。ほどよい酸味が肉の脂っこさを打ち消してくれます。野菜で包んだら、豪快に一口で食べるのが韓国流。素材すべてが口の中で混ざって、おいしさ倍増！

ケランチム
계란찜

材料　2人分

卵	3個
明太子	50g
長ネギ（小口切り）	大さじ2
あみの塩辛（または、薄口しょうゆ）	小さじ1
昆布だし（昆布を水に1時間以上浸す）	150ml
ごま油	小さじ2
いりごま	ひとつまみ

作り方（所要時間：20分）

1. 土鍋（または、直火にかけられる器）にごま油小さじ1をまんべんなく塗る。

2. ボウルに卵をときほぐす。皮をはいだ明太子と長ネギ（飾り付け用に1/3ずつ残しておく）、薄口しょうゆを入れてよく混ぜる。

3. 土鍋に昆布だしを入れ、強火にかける。沸騰したら2をゆっくり回しながら、

Everett Collection/アフロ

 **「椿の花咲く頃」第10話に
出てくるケランチム**

実家で母の手伝いをするヨンシク。一方、ケジャンの殻をむいてあげたり、熱々のケランチムを出したりして、息子に尽くす母親。口では互いに文句を言いながらも、親子愛を感じさせるシーン。

流し入れる。焦げ付かないよう、箸でまぜながら弱火で加熱する。

4. ある程度卵が固まったら、火を止める。2で残しておいた明太子と長ネギをのせ、蓋をして5分ほど蒸らす。

5. 仕上げにいりごまを散らし、ごま油小さじ1を回しかける。

 POINT

だしを入れる前に、土鍋の内側にごま油を塗ると、卵が焦げ付きにくく、香ばしく仕上がります。昆布だしは市販の白だしでもOKです。時間が経つと卵がしぼんでしまうので、できたてを食べて！

ビビンパ
비빔밥

Everett Collection/アフロ

「ロマンスは別冊付録」
第3話に出てくるビビンパ

姉妹のように育ったウノとダニ。夫も家も
失い、行くところをなくしたダニがウノの
家に無断侵入。数日後、ウノに見つかった
ダニはボウルに入ったビビンパを食べなが
ら、ふて腐れる。

材料　2人分

豆モヤシ	100g

A　ごま油 小さじ1、万能ネギ 小さじ1、
　　塩 小さじ1/2

キュウリ	1本
塩	少々

B　ごま油 小さじ1、塩 小さじ1/2、いりごま 小さじ1

ニンジン	1/2本
サラダ油	小さじ1
おろしニンニク	小さじ1
塩	小さじ1/2

エリンギ	100g
サラダ油	小さじ1

C　しょうゆ 小さじ1、砂糖 小さじ1/2、ごま油 小さじ1

牛挽肉	150g
サラダ油	小さじ1

D　しょうゆ 大さじ1、砂糖 大さじ1/2、おろしニン
　　ニク 小さじ2、ごま油 小さじ1、こしょう 少々

ご飯 (温かいもの)	300g
卵	2個

ピーナッツバター入りコチュジャン
(ピーナッツバター [無糖] 大さじ1、コチュジャン 大さじ2、
はちみつ 大さじ1、ごま油 小さじ1、刻んだナッツ 小さじ1)

作り方 (所要時間：1時間)

1. 豆モヤシはゆでて豆臭さを取り、
   水気を取る。ボウルにAを加え、和
   える。

2. キュウリは薄切りしてしんなりな
   るまで塩漬けしたあと絞っておく。
   ボウルにBを加え、和える。

3. ニンジンはうす千切りにして中火
   に熱したフライパンにおろしニン
   ニクと炒める。塩で味付ける。

4. エリンギはゆでて水気を切り、中
   火に熱したフライパンに炒めてか
   ら、ボウルに移しCで和える。

5. 牛挽肉は、Dでもみ込み、中火に
   熱したフライパンにサラダ油を入
   れ、汁がなくなるまで炒める。

6. 卵は目玉焼きにする。大きいボウ
   ルにご飯を入れ、すべての具材を
   盛り、ごま油、ピーナッツバター
   入りコチュジャンを加える。

ポッサム
보쌈

 「サンガプ屋台」第7話に
出てくるポッサム

ダンス大会に優勝したガンペ。会長に「一緒にお酒が飲みたい」と頼み、快諾してもらう。その際、会長に振舞ったのがポッサム。眠りについた会長の夢の中で、ある大きな"誤解"に気づく。

材料 2人分

豚バラ肉（ブロック）		500g
水		1.5ℓ
A	玉ネギ	1/2個
	長ネギ（青い部分）	
	ニンニク	5片
	ショウガ	10g
	韓国みそ	大さじ1
	しょうゆ	大さじ2
	インスタントコーヒー	大さじ1
あみの塩辛		大さじ1
キムチ		適量
ごま油		小さじ1
サンチュ		10枚
スライスニンニク		適量

作り方 (所要時間：1時間)

1. 豚バラのブロックは水に浸し、30分～1時間ぐらい血抜きをする。

2. 深い鍋に水1.5ℓを入れ、1とAを入れて、蓋をして強火にかける。沸騰したら、30～40分、中火で煮る（肉に楊枝をさして、スムーズに入ればOK）。

3. 1cm幅に切った肉と共に、サンチュ、あみの塩辛やキムチ、ニンニクなどを皿に盛る。ごま油につけて食べる。

POINT

ゆでると余分な脂が落ちるので、とてもヘルシーなゆで豚。とはいえ、豚肉の旨味はしっかり味わえます。サンチュで包み、好みのキムチ、調味料を入れて食べます。

コムタン
곰탕

「知ってるワイフ」第6話に出てくるコムタン

ウジンと二人で昼食に出るジョンフ。そこに駆けつけて一緒に昼を過ごすジュヒョク。食事中、ウジンにキムチを切ってあげたり、水を取りに行こうとするジョンフを、ジュヒョクは邪魔をする。

材料　4人分

【牛すね肉スープ】

A 牛すね肉	800g
昆布（5×5cm）	2枚
ダイコン	1/4本
長ネギ	1本
水	1.5ℓ

長ネギ	少々
塩・こしょう	少々

作り方 （所要時間：1時間）

1. ダイコン、長ネギを鍋に入るぐらいにカットし、鍋に**A**の材料を全部入れて、強火にかける。

2. 沸騰したら昆布は取り除いて、中火にする。アクが出てきたらアクを取る。

3. 1時間ほど経ったらダイコンと長ネギは取り除き、牛すね肉は取り出し、食べやすいサイズに切る。

4. 器に肉を盛ってスープを注いで、好みで長ねぎと塩・こしょうを加えて食べる。

POINT

一見、ソルロンタンに似ていますが、コムタンのほうがあっさりとしていて、韓国では二日酔いの朝に飲むことが多いスープです。ご飯を入れて、コムタンクッパにすることも！

サムゲタン
삼계탕

材料 1人分

ひな鶏	1羽
もち米	大さじ3〜4
朝鮮人参	1本
干しナツメ	2個
ニンニク	3片
水	1.5ℓ
長ネギ (青い部分1本と刻んだもの適量)	
粒こしょう	5粒
塩・こしょう	適量

作り方 (所要時間：50分)

1. もち米をボウルに入れ、水に1時間ほど浸してざるに上げる。朝鮮人参と干しナツメも洗っておく。ひな鶏は鶏の首、手羽先、尻の脂肪を切り取り、腹の内側もきれいに洗い、キッチンペーパーで水気を取る。

2. 鶏の腹にもち米（あとで膨らむので8分目まで）を詰め、もち米が出ないようにニンニクと干しナツメを入れる。

3. 具材が出ないよう上下の皮をふさぎ、片足のつけ根にハサミで小さい穴を開けて、反対側の足を穴に

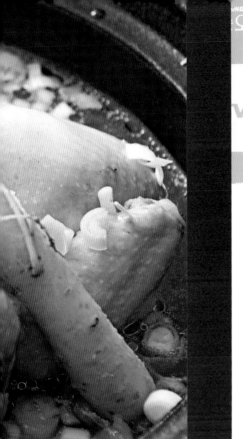

アフロ

 「知ってるワイフ」第10話
に出てくるサムゲタン

KCU銀行が主催するマラソン大会。ウジ
ンはジュヒョクが倒れたと勘違いし、初
めて自分の気持ちに気づく。チームは見
事3位と健闘し、お祝いとして全員でサム
ゲタンを食べに行くが酒に強いはずのウ
ジンが酔ってしまう。

　　入れるか、両足をクロスさせタコ糸で縛る。

4. 鍋に水1.5ℓを入れ、**3**の鶏肉と朝鮮人参
を入れ、臭みを取ってくれる長ネギ（青い
部分）と粒こしょうを加え、強火にかける。
沸騰したら中火にしてアクを
取り除きながら、蓋をして
50分煮込む。

5. 鶏を器に盛り、ざるでこし
たスープを注ぐ。食べると
きに塩・こしょうと刻んだ
ネギを加える。

体を温め、滋養をつけてく
れる料理で夏バテ予防に食
べます。ショウガ、松の実、
クコの実、糸トウガラシを
入れてもおいしいです。

ワカメスープ
미역국

Everett Collection/アフロ

 「ハイバイ、ママ！」第10話
に出てくる**ワカメスープ**

ユリが突然亡くなり、家族はその死を受け入れられず、ユリのためにワカメスープを大量に作る。家族の誰にも手を付けさせなかった母ウンスク。そのワカメスープを捨てた夫ガンファ。ガンファはウンスクに謝る。

材料　2人分

乾燥ワカメ	20g
牛すね肉薄切り	100g
イワシのエキス （または、薄口しょうゆ）	大さじ2
ごま油	大さじ1
水	800mℓ
塩	小さじ1

作り方 (所要時間：20分)

1. 乾燥ワカメは水に戻してから、洗って水気を取っておく。牛肉は一口サイズに切り、イワシのエキス（大さじ1）で味付けしておく。

2. 鍋に**1**の牛肉を入れ、中火で3分ほど炒めてから、ワカメとごま油を加えて再び炒める。水を入れて、強火にする。

2

3. 沸騰してきたらアクを取りながら、塩とイワシのエキス（小さじ1〜大さじ1）で味付けをし、10分ほど煮込む。

3

POINT

ワカメスープは誕生日に欠かせないもの。味付けにイワシのエキスを使うと、さらに深い旨みが出ます。

これがあったら より韓国料理がおいしくなる！

味にコクや旨みを与える調味料編

日本の調味料では代用がきかないといわれる、韓国の調味料。
本格的な味わいに近づけるためにぜひ、揃えてみて！

あみの塩辛（セウジョッ）

1〜2cmのエビに似たあみを塩漬けにして発酵させたもの。料理にコクと旨みを与えます。キムチヤンニョムを作るときは不可欠な食材（代用できる食材はありません）。

■ 使いたいレシピ ■

スンドゥブチゲ、ケランチム、ポッサム、キムチチゲなど

イワシのエキス（ミョルチエッジョッ）

ナンプラーなど魚醤の仲間でイワシを塩辛にして、熟成させたエキスだけを取り出したもの。キムチの原料はもちろん、炒め物、焼き物、鍋物やスープの味付けにも。ない場合は、薄口しょうゆで代用を。

■ 使いたいレシピ ■

ワカメスープ、グッス、アサリのお粥、スジェビなど

梅エキス（メシルチョン）

韓国独自の調味料で、甘味と梅の風味を足して、臭み消したいときに使います。日本では梅を砂糖に漬け込んだ「梅シロップ」に似た味わいです。

■ 使いたいレシピ ■

チャプチェ、ビビンパ、豚肉コチュジャン炒め（砂糖で代用可）、
簡単しょうゆダレ、ミョルクポックム（みりんで代用可）、
ケジャンのタレ（梅酒で代用可）など

ドラマの中で光る
あの韓国料理10

グッス
국수

材料　2人分

煮干しだし (水2ℓ、煮干し30g、昆布10cm)	600㎖
そうめん	200g
韓国みそ (または、赤みそ)	大さじ1
イワシのエキス (または、薄口しょうゆ)	大さじ1
長ネギ	1/4本
赤唐辛子	1本
玉ネギ	1/4個
ズッキーニ	1/4本
ニンジン	1/4本
干しシイタケ	1枚
薄焼き卵 (細切り)	適量

作り方 (所要時間：30分　※だし汁の時間含めず)

1. まず、だし汁を作る。煮干しをフライパンで香ばしい香りが立つまで中火で炒める。

2. 鍋に水を入れ、沸騰したら1と昆布を入れ、火を止める。一晩置いて、ざるでこす。

3. 長ネギと赤唐辛子は斜め切り、玉ネギは薄切り、ズッキーニ、ニンジン、水で戻した干しシイタケは千切りにする。

4. 鍋に煮干しのだし汁を入れ、火にかけ沸騰したら、

Phototest/アフロ

 「愛の不時着」第16話に
出てくるグッスのレシピ

北朝鮮に帰る前、ジョンヒョクは不規則
な生活を送るセリを心配し、「おこげ」
と「グッス」のレシピを記したメモを冷
蔵庫の扉に貼っておく。それを見たセリ
は嬉しさと共に、寂しさを募らせる。

韓国みそをとかす。

5. 3を入れ、再び沸騰したらイワ
シのエキス（または、薄口しょ
うゆ）を入れ、味をととのえる。

6. 別の鍋でそうめんをゆで、流水
でしっかり洗い、水気を切る。

7. 器にそうめんを入れ、5を注ぎ、
麺の上に細切りにした薄焼き卵
をのせる。

韓国で麺類は"長寿"の象徴として、
お祝いの席など振舞われます。ゆ
でたそうめんを洗うと、冷たくなっ
てしまうので、再度温めると、よ
り美味しくいただけます。夏は冷
たいだし汁で食べるのもおすすめ。

おこげ
누룽지

 # 「愛の不時着」第16話に
出てくるおこげのレシピ

ミシュラン掲載店でも3口しか食べず"小食
姫"と呼ばれていたお嬢様セリが、北朝鮮で
ハマっていたおこげ。ジョンヒョクはソウ
ルを発つ前、セリに「おこげ」のレシピを
残す。

Photofest/アフロ

材料　2人分

冷ご飯	200g
水	大さじ3
砂糖	適量

作り方 (所要時間：30分)

1. 熱したフライパンに冷ご
   飯を入れ、水を入れなが
   ら厚さ5mm程度になるよう
   均等に広げる。

2. 米粒をつぶすように形を
   整えながら、極弱火で焼
   き目がつくまで20分くら
   い焼く。

3. ご飯がパリパリになり、フ
   ライパンからはがれてくれ
   ば完成。皿に盛り、砂糖
   を添え、つけて食べる。

①

③

POINT

ご飯は炊きたてより、冷ご飯のほうがパリっと仕上がります。ド
ラマでは砂糖をつけてお菓子感覚で食べていましたが、お湯やお
茶を注ぎ、ふやかすと「おこげスープ」に。メイン料理のシメに
お茶漬けのように食べるのもおすすめです。

豚肉コチュジャン炒め
제육볶음

Everett Collection/アフロ

 「椿の花咲く頃」第4話に出てくる豚肉コチュジャン炒め

ドンベクが経営するスナック「カメリア」の看板メニュー。久しぶりに再会した初恋相手のジョンニョルもその味に魅了され、ご飯をかき込みながら、おいしそうに平らげる。

材料　2人分

豚バラ肉薄切り	300g
玉ネギ	1個
長ネギ	2本
ニンジン	1/4本
酒	大さじ1
おろしショウガ	小さじ1
おろしニンニク	大さじ1
ごま油	小さじ1

A	コチュジャン	大さじ1
	唐辛子粉	大さじ1
	しょうゆ	大さじ2
	梅エキス	大さじ2
	（または、砂糖 大さじ1）	
	水あめ	大さじ1
	（または、はちみつ）	
	水	大さじ1

作り方 (所要時間：30分)

1. ボウルに7cm幅に切った豚バラ肉薄切り、酒、おろしショウガを入れ、手でもみ込んで10分寝かせる。

2. 玉ネギはくし切り、長ネギ、ニンジンは細切りにする。

3. 別のボウルにAをすべて入れ、よく混ぜる。

4. 熱したフライパンに、1の肉、ニンジン、おろしニンニクを入れて炒める。

5. 肉の色が変わったら3の合わせ調味料を入れ、火が通るまで中火で炒める。

6. 玉ネギ、長ネギを入れ、さっと炒め、最後にごま油を回し入れ、火を止める。

POINT

コチュジャンや水あめは焦げやすいので要注意。ある程度肉に火が通ってから入れるといいでしょう。簡単だけど満足感のある1品。甘辛い味付けは、ご飯が進むこと間違いなし！

韓国風トンカツ
한국식 돈까스

材料　1人分

豚ロース肉	100g
おろしニンニク	大さじ1
塩・こしょう	適量
天ぷら粉 (または、小麦粉)	100g
卵	1個
パン粉	200g
サラダ油	1ℓ

作り方 (所要時間：30分)

1. 豚ロース肉はラップで包み、めん棒などで叩いて、3mmほどの厚さに薄く伸ばす。両面に塩・こしょうをふり、ニンニクをまんべんなく薄く塗る。

2. 天ぷら粉、といた卵、パン粉を各バットに移す。

3. 伸ばした豚ロースを、天ぷら粉→卵→パン粉の順につけていく。

4. 180度に熱したサラダ油に**3**をゆっくりと入れ、両面をカラッと揚げ、余分な油を切る。

アフロ

 ### 「知ってるワイフ」第5話に出てくる韓国風トンカツ

ジュヒョクとウジンは出会った頃のトンカツ屋に行く。ジュヒョクは「ここのトンカツはライオンキングのラストと同じくらい感動的」といってトンカツを頬張る、若き日のウジンの姿を懐かしむ。

5. 器に盛り、ソースをかける。

ソース作り
バター 30g、小麦粉 大さじ2、ウスターソース 大さじ3、ケチャップ 大さじ3、水 120㎖、牛乳 70㎖、砂糖 大さじ1/2

【作り方】
フライパンを弱火にかけ、バターを入れたあとに小麦粉を入れてきつね色になるまで炒める。ウスターソースとケチャップも加え、その後、水と牛乳を入れ、とろみがつくまで煮込む。

POINT

韓国では大きくて薄いトンカツにデミグラスソースが定番。豚肉を薄くする際に、韓国では空いた焼酎瓶で伸ばします。

タコ炒め
낙지볶음

Everett Collection/アフロ

 **「サンガプ屋台」第3話に
出てくるタコ炒め**

若い青年がサンガプ屋台に来訪し、辛いタコ炒めを泣きながら食べた。大学を首席で卒業しながら、就活浪人中の彼。就職を希望したホテルの試験では、筆記テストで満点だったのに結果は不合格。そこには裏取引が！

材料　2人分

生タコ	1杯 (約500g)
玉ネギ	1/2個
長ネギ	2本
サラダ油	大さじ2
ごま油	小さじ1

A	しょうゆ	大さじ3
	唐辛子粉	大さじ1
	コチュジャン	大さじ1
	梅エキス	大さじ2
	（または、砂糖 大さじ1）	
	水あめ	大さじ1
	（または、オリゴ糖）	
	おろしニンニク	大さじ1

作り方 (所要時間：30分)

1. まず、タコの頭をひっくり返し内臓を取り出してから、小麦粉をタコにまんべんなく和えて、吸盤をしごくように洗い、ぬめりを取る。熱湯に入れてさっとゆでてざるに上げ、8cmぐらいの長さに切る。

2. 玉ネギは半分に切って6等分のくし形に切り、長ネギは10cmぐらいに細切りにする。

3. フライパンでサラダ油を熱し、長ネギを入れ、ネギ油を作る。そこに玉ネギとAの合わせ、中火で炒める。

4. 最後に2のタコを加えて炒める（タコは炒めすぎると固くなるので注意を！）。

5. 火を止めてごま油を回し入れ、素早く混ぜて皿に盛る。

POINT

タコをゆでてから炒めると水分が出にくくなるので味が薄くなりません。タコが手に入りにくいときはイカで作ってもおいしくできますよ！

ハットグ
핫도그

Everett Collection/アフロ

「スタートアップ：夢の扉」
第2話に出てくるハットグ

久しぶりに再会したジピョンとダルミの祖母。ジピョンは彼女が切り盛りするキッチンカーのハットグを懐かしそうに食べ、昔の借りを返したいと申し出るが、一蹴されてしまう。

材料　10本分

ソーセージ	10本
生パン粉	300g
サラダ油	適量

A	ホットケーキミックス	150g
	牛乳	40㎖
	卵	1個

【味付け用】

砂糖	お好みで
ケチャップ	お好みで
マスタード	お好みで

※竹串10本も必要

作り方 (所要時間：30分)

1. ソーセージに竹串を刺す。

2. 生地をつくる。ボウルにAをすべて入れ、泡だて器でダマがなくなるまでよく混ぜる。

3. ソーセージに2をたっぷり絡ませ、生パン粉をつける。

4. 170度に熱したサラダ油で、3を揚げる。

5. きつね色になったら取り出し、お好みで砂糖、ケチャップ、マスタードをつける。

POINT

パン粉はサクサクで、ボリュームも出る生パン粉がおすすめ。生地はやや固めのほうが、ソーセージ全体に絡ませやすいので、柔らかかったら、ホットケーキミックスを足して調整しましょう。

豚モヤシ炒め
돼지고기숙주볶음

ALBUM/アフロ

「梨泰院クラス」第7話に出てくる豚モヤシ炒め

チャンガの会長がスアとグンウォンを連れてタンバムに来店し、「チゲと炒め物をひとつずつ、自信のある物を」と注文。セロイは豆腐チゲと豚モヤシ炒めを、いつも通りの味付けで出すことをスタッフに命じる。

材料　2人分

豚バラ肉薄切り	250g
モヤシ	150g
長ネギ	1/2本
おろしニンニク	大さじ1/2
サラダ油	大さじ1/2

A	しょうゆ	大さじ2
	オイスターソース	大さじ1/2
	梅エキス	大さじ1/2
	（または、砂糖）	
	ごま油	大さじ1/2

作り方 （所要時間：20分）

1. 長ネギは細切りにしておく。

2. ボウルにAを入れ、混ぜておく。

3. 熱したフライパンにサラダ油をひき、中火にして1とおろしニンニクを炒める。

4. ネギの香りが出たら豚肉を加えて強火にして炒める。

5. 豚肉に火が通って色が変わったら、モヤシと2を入れ、強火でさっと炒める。

POINT

おかずにもなりますが、韓国ではポピュラーなお酒のおつまみ。モヤシは炒めすぎるとしんなりするので、最後に強火でさっと炒めるのがポイント。唐辛子をかけてもおいしい。

サバの煮つけ
고등어조림

「チョコレート：忘れかけてた幸せの味」第3話に出てくるサバの煮つけ

チャヨンがホスピス近くの食堂で夕飯を食べていると、電話で「サバの煮つけ」のオーダーが入る。作り方を忘れ狼狽する店主に代わり、チャヨンが腕を振るう。

材料　2人分

サバ	2尾
ダイコン	1本
長ネギ	1本
玉ネギ	1個
ショウガ	1片

A	唐辛子粉	大さじ3
	しょうゆ	大さじ1
	イワシのエキス	大さじ1
	（または、ナンプラー）	
	みりん	大さじ1
	梅エキス	大さじ1
	（または、砂糖 大さじ1/2）	
	おろしニンニク	大さじ1
	酒	大さじ3
	こしょう	少々
	水	200㎖

作り方 （所要時間：40分）

1. ダイコンは皮をむき、1cm幅の半月切りにする。長ネギは斜め切りにする。玉ネギは薄切り、ショウガは皮をむき、千切りする。

2. サバは内臓を取り、流水できれいに洗ったら、味が染み込むよう、皮に切れ目を入れる。

3. ボウルにAをすべて入れ、よく混ぜておく。

4. 鍋底に1のダイコンを敷き、その上にサバを並べ、玉ネギ、ショウガを加える。3の調味料をかけ、蓋をして強火で煮る。

5. 10分ほど煮たら、蓋を取って中火にし、サバに煮汁をかけながら、さらに10分ほど煮る。

6. 最後に長ネギを加え、蓋をして5分ほど弱火にかける。

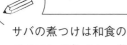

POINT

サバの煮つけは和食のイメージですが、実は韓国でも定番の魚料理です。鍋底にダイコンを敷くと、焦げにくく、味も染み込んでおいしいです。サバのほかに、サワラやタチウオを使ってもOK！

冷麵
냉면

ジョンインは友だちと冷麺を食べに行こうとしたとき、ジホの母と息子ウヌに会ってしまう。ジホはジョンインの印象を母に聞くと「しっかりしていて、美人だった……」と母は答え、ジホは笑みを浮かべる。

材料 2人分

牛すね肉スープ （P26のコムタンを参考）	800㎖
A 酢	大さじ2
砂糖	大さじ2
薄口しょうゆ	小さじ2
塩	小さじ2
冷麺	2玉
牛すね肉（ゆでたもの）	60g
キュウリ	1本
塩	小さじ1
梨	1/2個
卵（ゆで）	1個
からし	お好みで
酢	お好みで

作り方 （所要時間：1時間）

1. 牛すね肉スープにAを全部入れ、よく混ぜて冷やしておく。

2. ゆでた牛すね肉と梨を薄めに切る。キュウリは斜め切りにして塩をもみ込んで10分ほど置き、絞っておく。ゆで卵は半分に切っておく。

3. 冷麺を袋の表記通りにゆでて、ぬめりがなくなるように、しっかり洗いざるに上げ、水気を切る。

4. 器に3の麺を盛って、上にキュウリ、梨、すね肉、ゆで卵をのせ、崩れないように1のスープを注ぐ。お好みで、からしと酢を加える。

POINT

韓国の冷麺はそば粉が入っており、最近では通販や韓国食材専門店に売っています。もし麺の調達が難しいならば、そうめんで代用してもおいしいと思います。スープは牛肉でとっただしに味付けをしたものが韓国流。トッピングはお好みのものをのせてください！

辛口ジャージャー麺
매운짜장면

Everett Collection/アフロ

「賢い医師生活」第7話に出てくる辛口ジャージャー麺

ジュンワンとイクジュンの妹イクスンが、激辛の「爆弾ジャージャー麺」を食べながら、束の間のデートを楽しむ。クールなジュンワンが彼女の麺を混ぜてあげ、ツンデレな一面を覗かせる。

材料　2人分

中華麺	2玉
豚こま肉	100g
おろしショウガ	小さじ1
塩	小さじ1
こしょう	適量
ラー油	大さじ1
おろしニンニク	大さじ1
玉ネギ	1/4個
ズッキーニ	1/4本
キュウリ	1/2本
水溶き片栗粉 (片栗粉小さじ1/2と水大さじ1を混ぜたもの)	
唐辛子粉	お好みで

【甜麺醤ソース】
てんめんじゃん

A 水	200㎖
甜麺醤	大さじ5
砂糖	大さじ1
唐辛子粉	大さじ1

作り方 (所要時間：30分)

1. 玉ネギ、ズッキーニは粗みじん、キュウリは千切りにしておく。

2. 豚こま肉は一口大に切り、おろしショウガ、塩、こしょうで下味をつける。

3. 甜麺醤ソースを作る。ボウルに**A**を入れ、よく混ぜる。

4. フライパンにラー油をひき、**2**の豚こま肉、おろしニンニクを入れて強火で炒める。肉の色が変わったら**1**の玉ネギ、ズッキーニを入れて、野菜に火が通るまで炒める。

5. **3**の甜麺醤ソースを加え、中火で3分ほど炒めたら、水溶き片栗粉を少しずつ加え、とろみをつける。

6. 中華麺をゆで、流水で洗い水気を切る。

7. 器に麺を盛り、**5**のソースをかけ、キュウリの千切りをのせる。お好みで唐辛子粉をかけてもよい。

POINT

ジャージャー麺は韓国人にとってソウルフードともいえるお馴染みのメニューです。麺の代わりに、ご飯を使い、上に目玉焼きをのせてもおいしいですよ。

マッコリ、焼酎の
簡単カクテルを片手に韓国ドラマを見よう！

韓国ドラマではお酒を飲むシーンがよくあり、
ドラマを観ていると、ついこちらも飲みたくなりませんか？
でも、どうせ飲むならば、韓国のお酒の創作カクテルにしてみては？

NO2 柚子マッコリ

NO1 ヤクルト
シャーベット焼酎

NO3 金魚焼酎

NO4 ホットマッコリ

NO5 コリアンモヒート

NO6 カルーアマッコリ

No.1

ヤクルト
シャーベット焼酎

야쿠르트샤벳소주

材料

ヤクルト	2本
焼酎(チャミスル)	80㎖

作り方

ヤクルトと焼酎をアイストレーに入れ、凍らす。凍った塊をミキサーに入れてシャーベット状にして冷えたグラスに入れたらできあがり。

No.2

柚子マッコリ

유자막걸리

材料

マッコリ	200㎖
サイダー	50㎖
柚子茶	大さじ1

作り方

グラスに柚子茶、マッコリ、サイダーを入れるだけ。

No.3

金魚焼酎

금붕어소주

材料

焼酎(チャミスル)	100㎖
水	100㎖
大葉	2枚
鷹の爪	1本
氷	適量

作り方

グラスに氷を入れ、焼酎と水を注ぐ。ちぎった大葉と鷹の爪を入れればできあがり。

No.4

ホット
マッコリ

막걸리뱅쇼

材料

マッコリ	250㎖
梨	1/4個
シナモンスティック	1個
ナツメ	2個
粒こしょう	2粒

作り方

梨は皮付きのまま2㎝幅に切り、鍋にすべての材料を入れて中火で熱し、沸騰したら弱火にして5〜10分ほど煮て自分好みの味になったら、できあがり。ショウガ、クローブなどスパイスを入れてもおいしい！

No.5

コリアン
モヒート

코리안모히토

材料

焼酎(チャミスル)	50㎖
炭酸水	50㎖
氷	適量
ブラウンシュガー	大さじ1
ライム	1個
エゴマの葉	10枚

作り方

ライムは4等分に切り、エゴマの葉は手でちぎる。
グラスにライムとブラウンシュガーを入れてライムを潰しながらブラウンシュガーをとかす。次にエゴマの葉を入れ潰してから、氷、焼酎、炭酸水の順に入れ、よく混ぜる。

No.6

カルーアマッコリ

깔루아막걸리

材料

マッコリ	120㎖
氷	適量
インスタントコーヒー	小さじ1
お湯	大さじ1
砂糖	小さじ1
練乳	小さじ1

作り方

熱い湯にインスタントコーヒーを入れてよく混ぜる。コーヒーがとけたら砂糖と練乳を加え、かきまぜてグラスに入れる。最後にマッコリと氷を注ぐ。

おいしい！
韓国の麺＆ごはん 8

カルグクス
칼국수

Everett Collection/アフロ

 「賢い医師生活」第2話に
出てくる**カルグクス**

仕事帰りにカルグクス店で食事をする5人の医師。それぞれの個性がさく裂して、まったく会話がまとまらない。ついには、"シメ"を何人前頼むかで口論となるが……。ソッキョンのナイスフォローで丸く収まる。

材料　2人分

稲庭うどん（乾麺）	200g
鶏むね肉	250g
ズッキーニ	1/2本
鶏がらスープの素	小さじ1
水	1.5ℓ
A 塩	小さじ1
ごま油	小さじ1
長ネギ（みじん切り）	大さじ1
こしょう	少々
タテギ（P114参照）	適量

作り方 (所要時間：40分)

1. 鍋に水1.5ℓと鶏むね肉を入れ、強火にかける。沸騰したら弱めの中火にし、アクを取りながら20分ほど煮る。肉の中まで火が通り、柔らかくなったら鶏むね肉を取り出し、粗熱をとったら冷めないうちに、手で細かく割く。

2. ボウルに1を入れ、Aを加え絡める。

3. ズッキーニは千切りする。

4. 別の鍋に湯を沸かし、稲庭うどんを固めにゆでておく。

5. 1のゆで汁に鶏がらスープの素を入れ、再び火にかける。沸騰したら3のズッキーニ、4の稲庭うどんを入れ、1分ほど煮る。

6. 器に盛る。お好みでタテギを加えてもよい。

POINT

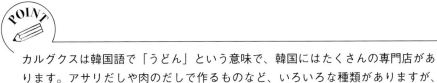

カルグクスは韓国語で「うどん」という意味で、韓国にはたくさんの専門店があります。アサリだしや肉のだしで作るものなど、いろいろな種類がありますが、家庭では鶏肉のだしが一番作りやすいでしょう。

ムール貝のチャンポン

홍합짬뽕

Everett Collection/アフロ

 「**サイコだけど、大丈夫？**」
第8話に出てくる
ムール貝のチャンポン

兄弟の好物である、母との思い出が詰まった
チャンポン。ガンテはムニョンを連れていき、
思わず泣いてしまう。ムニョンは「くそった
れ！　辛い」といいながらも、完食する。

材料　2人分

中華麺（太麺）	2玉
ムール貝	300g
豚バラ肉薄切り	100g
玉ネギ	1/2個
長ネギ	1本
チンゲン菜	3株
白菜	2枚
サラダ油	大さじ2
水	600ml

A	唐辛子粉	大さじ1
	しょうゆ	大さじ1と1/2
	おろしニンニク	大さじ1
	ラー油	大さじ1
	薄口しょうゆ	大さじ1
	塩	小さじ1/2
	こしょう	1/2

作り方 (所要時間：40分)

1. 玉ネギは1cm幅に、長ネギは5cmに、白菜は3cm
幅に切る。チンゲン菜は縦に2等分に。豚バラ
肉薄切りは2cm幅にカットする。ムール貝はひ
げを取り除き、流水でしっかり洗って、ざるに
上げておく。

2. Aを混ぜておく。

3. フライパンにサラダ油を入れ、強
火に熱し、玉ネギと長ネギに焦げ
色がつくように炒める。ネギの香
りが出てきたら、豚肉を入れ、中
火で2分ほどしたら、Aを加える。

4. 3のフライパンに水600mlとチンゲン菜と白菜、
ムール貝を入れて強火に。沸騰したら中火にし
て5分ほど煮る。

5. 中華麺をゆでてお湯を切って器に盛る。煮立っ
たスープを器に注ぎ、麺と絡ませる。

POINT

唐辛子粉は炒めることで特有の生臭さはなくなり、旨みがぐっと上がります。ムー
ル貝がなかったら、イカなど魚介類に変えてもおいしいですよ。

61

アサリのお粥
바지락죽

材料　2人分

アサリのむき身	150g
米	150g
ニンジン	1/4本
玉ネギ	1/4個
ズッキーニ	1/4本
マッシュルーム	2個
万能ネギ	適量
ごま油	大さじ1
塩	お好みで
水	800ml

作り方（所要時間：20分　※米を水に浸す時間含めず）

1. 米は洗って水に30分ほど浸し、ざるに上げる。

2. アサリのむき身は軽く洗い、ざるに上げ水気を取る。

3. ニンジン、玉ネギ、ズッキーニ、マシュルームは5mm角に切る。万能ネギは小口切りにする。

4. 鍋にごま油を熱し、**1**の米と**2**のアサリを炒める。米が透明になったらニンジンを加えてさらに炒める。

アフロ

「チョコレート：忘れかけてた幸せの味」第9話に出てくるアサリのお粥

ガンとチャヨンが働くホスピスの厨房にて。認知症の調理スタッフが、手順を一つひとつ思い出しながら「アサリのお粥」を作る。

5. 水800㎖を加え、強火にする。沸騰したら、玉ネギ、ズッキーニ、マシュルームを加え、弱めの中火で米が柔らかくなるまで15分ほど火にかける。途中、焦げないように混ぜながら、とろみが出るまで煮る。

6. 器に盛り、万能ネギをのせる。食べるときに、お好みで塩を加え、味をととのえる。

POINT

消化がよく栄養価も高いので朝食におすすめのお粥。米をごま油で炒めると香りもよく、コクのある仕上がりに。塩を加えると、とろみがつきにくいので、味が足りない場合は、食べるときに加えましょう。

ソルロンタン
설렁탕

 「彼女はキレイだった」第3話
に出てくるソルロンタン

酔っぱらってケガをしたハリとソンジュン
は病院の帰りに、ソルロンタン屋に寄る。
ハリを初恋相手のヘジンだと思い込んでい
るソンジュンは職場では見せない穏やかな
表情で、亡き母の思い出を語る。

Everett Collection/アフロ

材料　4人分

そうめん	200g
牛テール（カット済）	1kg
牛すね肉	500g
水	2ℓ
ニンニク	5片
ショウガ	10g
粒こしょう	5粒
長ネギ	2本
塩・こしょう	適量

作り方 （所要時間：6時間）

1. 牛テールと牛すね肉はよく洗い、それ
ぞれボウルに入れ、水に浸す。途中、
水を変えながら1時間ほど血抜きをして
きれいに洗い、ざるに上げ、水気を切る。

2. 寸胴鍋に水2ℓと1の牛テール、牛すね肉
を入れ、長ネギの青い部分、薄皮をむい
たニンニク、適当な大きさに切ったショ
ウガ、粒こしょうを加え、強火にかける。

3. 沸騰したらアクを取り、弱めの中火にする。スープ
が減ったら水を追加しながら5時間以上煮る。

4. 別の鍋でそうめんをゆで、流水で洗い、水気を切る。

5. 器にゆでたそうめん、牛テール、5mm幅に切った牛
すね肉を入れ、スープを注ぐ。

6. 小口切りにした長ネギを散らし、塩・こしょうで味
をととのえる。

POINT

ソルロンタンは加水しながら、何日も煮込む一品です。牛の旨み がとけ出しスー
プが白濁するまで時間はかかりますが、火にかけっぱなしでいいので、挑戦してみ
て!

スジェビ（韓国風すいとん）
수제비

「ある春の夜に」第5話に
出てくるスジェビ

ジョンインは「私のことが迷惑か？」と聞
きたくて、ジホの自宅まで行く。泣きじゃ
くるジェンインを行きつけの店に連れてい
くジホ。そこでジェンインは自分が食べた
い「すいとんを食べて」とジホに頼む。

材料　2人分

煮干しだし (P34参照)	1ℓ
ズッキーニ	1/2本
ジャガイモ	1個
長ネギ	1本
干しエビ	50g
イワシのエキス (または、薄口しょうゆ)	小さじ1
万能しょうゆダレ (P108参照)	適量

【生地の材料】

小麦粉	200g
ジャガイモ	1個
サラダ油	小さじ1
塩	小さじ1/2
水	適量

POINT

作り方 (所要時間：1時間)

1. 生地を作る。ボウルに小麦粉と、す
   りおろしたジャガイモと塩、サラダ油
   を加えて、水の量を調節しながらこね
   る。生地が手につかなくなり、表面が
   つるつるになったら、丸めてラップをして、冷蔵庫
   で30分寝かせる。

2. ズッキーニは1cm幅の半月切りにし、
   ジャガイモは0.5cm幅の半月切りにす
   る。長ネギは斜め切りにしておく。

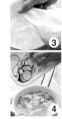

3. 鍋に煮干しだしを入れて強火にする。
   沸騰したら2のジャガイモを入れ、生
   地を手に水をつけて薄く伸ばしなが
   らちぎり、鍋に入れる。

4. 生地が浮き上がってきたら、ズッキーニと干しエ
   ビを加えて、イワシのエキスを加え3分ほど煮る。

5. 器に盛り、お好みで万能しょうゆダレを加える。

小麦粉とジャガイモを水で練って、平たくちぎったすいとん。肉や魚介類のスー
プで煮込んだスープで食べます。昔から食べられてきた家庭料理のひとつで、素
朴な味わいが魅力！

ジャックッス（松の実うどん）
잣국수

Everett Collection/アフロ

ダルミはジピョンの誕生日に、ある田舎町の名物料理「ジャッグッス」の食材セットをプレゼント。ジピョンは面倒くさいと思いつつも、レシピ通りに作って食べると……そのおいしさに感動！

材料　2人分

稲庭うどん（乾麺）	180g
松の実	150g
水	500㎖
ズッキーニ	1/4本
干しシイタケ	1枚
粗塩	小さじ1

作り方 (所要時間：20分)

1. ズッキーニは千切りする。干しシイタケは水で戻して千切りする。

2. 稲庭うどんは固めにゆで、ざるに上げ、水気を切る。

3. 松の実と水500㎖をなめらかになるまでミキサーにかけ、鍋に移し強火にかける。

4. 沸騰したら中火にし、2のうどんと1のズッキーニとシイタケを加え、再沸騰させる。食べるときに粗塩で味付けする。

POINT

塩を入れるととろみがつきにくいので、食べるときに加えましょう。ドラマのシーンでは温かい汁でしたが、夏は松の実の汁を冷やし、千切りしたキュウリをのせて食べてもおいしいです。

クッパ
국밥

Everett Collection/アフロ

「よくおごってくれる
綺麗なお姉さん」第3話に
出てくるクッパ

同僚女子がジュニと食事に行こうとするのを
見て、モヤモヤするジナ。気晴らしに、後輩
を飲みに誘いクッパを食べながら、恋愛につ
いて語り合っていると……元カレから電話が!?

材料　4人分

白菜	1/2株
牛肉切り落とし	200g
長ネギ	1本
おろしニンニク	大さじ2
韓国みそ (または、赤みそ)	大さじ4
煮干し粉 (市販のもの、または煮干しを フードプロセッサーで粉状にする)	大さじ1
唐辛子粉	大さじ2
粗塩	大さじ1
イワシのエキス (または、ナンプラー)	大さじ1
水	1.5ℓ

作り方（所要時間：30分）

1. 白菜は根元から葉をはがし、ゆでて洗い、水気
を切ったら食べやすいサイズに切る。牛肉は一
口サイズに切る。

2. 1をボウルに移し、おろし
ニンニクと韓国みそを入れ、
手でもみ込む。

3. 鍋に水1.5ℓと2の白菜と牛
肉を入れ、強火にかける。
沸騰したら中火にし、斜め切
りにした長ネギ、煮干し粉、
唐辛子粉を加え、再び沸騰
させる。

4. 最後に粗塩とイワシのエキ
スで味付けする。

POINT

お好みでダイコンやモヤシを加えてもOK。みそは種類によって塩分が違うので
最後に味見をし、粗塩の量を調節しましょう。煮干し粉は直接鍋に入れるだけで
旨みが出るので、だしをとる手間が省けて便利です。

キンパ
김밥

Everett Collection/アフロ

 「彼女はキレイだった」
第13話に出てくるキンパ

休日出勤したソンジュンとヘジンは、仕事の合間に2時間だけ公園デートを楽しむ。ソンジュンはヘジンが作ったお弁当を食べながら、「仕事が成功したらプロポーズしたい」と思いを伝える。

材料　4本分

【ご飯】

ご飯 (温かいもの)		茶碗5杯分
A	ごま油	大さじ1
	塩	小さじ1/2
	いりごま	大さじ1
焼き海苔		4枚
ごま油		適量
いりごま		適量

【具】

●卵焼き

卵　4個		
B	おろしニンニク	小さじ1
	みりん	小さじ1
	塩	ひとつまみ

●ニンジンのナムル

ニンジン		1本
サラダ油		適量
C	おろしニンニク	小さじ1
	塩	小さじ1

●ホウレン草のナムル

ホウレン草		1束
D	おろしニンニク	小さじ1
	塩	小さじ1
	ごま油	小さじ1

●牛そぼろ

牛挽肉		200g
E	しょうゆ	大さじ1と1/2
	砂糖	大さじ1/2
	おろしニンニク	小さじ1
	ごま油	小さじ1
	こしょう	少々

●さつま揚げ　　　200g
（できれば四角いもの）

E　牛そぼろと同じ	

●たくあん　　　100g

①~⑥ ⑦

作り方 （所要時間：1時間）

1. 卵焼きを作る。ボウルに卵とBを入れ、よくときほぐす。フライパンで卵焼きを作り、縦に4等分する。

2. ニンジンのナムルを作る。サラダ油を熱したフライパンにニンジンの千切りとCを入れ、中火で炒める。

3. ホウレン草のナムルを作る。ホウレン草をゆで、水気を切ったら、Dで味付けする。

4. 牛そぼろを作る。フライパンで牛挽肉を中火で炒め、色が変わったらEを加え、煮詰める。

5. さつま揚げは1cm幅の棒状に切り、中火で炒め、Eを加え、煮詰める。

6. たくあんは水気を切って、半月切りにする。

7. ご飯にAを加え、切るように混ぜる。巻きすに海苔を置き、上部を1cmほど残し、ご飯

1/4量を均等に広げて軽く押し付ける。

8. 手前1/3の部分に用意したすべての具を各1/4量並べる。ひと巻して、一度きつく締めたら、最後までしっかり巻き付ける。同様に、残り3本も巻く。

9. 海苔の表面にごま油を塗り、いりごまをまぶす。1.5cm幅に切り、断面を上にして器に盛る。

POINT

より手軽に作りたい場合は、牛そぼろの代わりにスパムでもOK。お好みでいろいろな味を楽しんでみて。運動会や遠足の定番メニューですが、日本の海苔巻きと違い、酢飯ではないため、夏は傷みやすいので要注意。

韓国ドラマでは定番中の定番！
即席ラーメンのアレンジレシピ4

辛ロカルボラーメン
매운깔보라면

しっかりした味付けのカルボナーラ風。
辛ロにしたら、濃厚で大人の味に。スー
プの粉で辛さは調節できます！

NO2

チーズタッカルビラーメン
치즈닭갈비라면

とろりとしたチーズにピリ辛の具と麺を
絡ませて食べる汁なしラーメン。具だく
さんで食べごたえも抜群です。

NO1

韓国ドラマを観ていると、必ず出てくる即席ラーメン。
そんなラーメンを特別な1食に変えるアレンジレシピをお教えします。

ユッケジャンラーメン
육개장라면

韓国ではユッケジャンは二日酔いの日に
食べることもしばしば。おいしさを左右
するのは、肉汁です。

NO 3

ラーメンチヂミ
라면전

焼く前に汁気を切るとパリパリに仕上が
りに、汁気が残ってるともちもちに。たっ
ぷりの油を使って焼きましょう。

NO 4

№1 チーズダッカルビラーメン
치즈닭갈비라면

材料 1人分

即席ラーメン (辛ラーメン)	1袋
鶏もも肉	150g
キャベツ	2枚
玉ネギ	1/4
ごま油	小さじ4
ピザ用チーズ	大さじ2
サラダ油	大さじ1
エゴマの葉	2枚
A コチュジャン	大さじ1と1/2
砂糖	大さじ1/2
しょうゆ	大さじ1
おろしニンニク	小さじ1
はちみつ	大さじ1
ラーメンのスープ粉	1/2袋

作り方 (所要時間：20分)

1. 鶏もも肉は一口サイズに切り、キャベツと玉ネギはざく切りに、エゴマの葉は刻んでおく。Aはボウルに入れて混ぜておく。

2. フライパンにサラダ油をひき、鶏肉を炒める。鶏肉の中まで火が通ったら、Aを入れて絡めてから、キャベツ、玉ネギを入れてさっと炒める。

3. 麺を4分ゆでてざるに上げ、水気を切る。ボウルに移し、ごま油を絡めて、器に盛る。

4. 麺の上に2のタッカルビとピザ用チーズをのせ、刻んだエゴマの葉を加える。

№2 辛ロカルボラーメン
매운깔보라면

材料 1人分

即席ラーメン (辛ラーメン)	1袋
玉ネギ	1/4個
マッシュルーム	2個
ニンニク	2片
ベーコン	3枚
バター	12g
生クリーム	250ml
スライスチーズ	1枚
万能ネギ	2本
ラーメンのスープ粉	1/2袋

作り方 (所要時間：15分)

1. 玉ネギは千切りして、マッシュルームは三等分に切り、ニンニクもスライスする。ベーコンは2cm幅にカットする。

2. 麺を2分ゆでてから、ざるに上げ、水気を切る。

3. フライパンにバターを入れ、1をすべて入れ炒める。玉ネギが透明になったら、生クリームとスライスチーズを入れ、ラーメンのスープ粉を1/2袋を入れて混ぜる。

4. チーズがとけたら、麺を加えて、また2分ほど煮込む。器に盛ったら万能ネギを加える。

NO 3　ユッケジャンラーメン
육개장라면

材料　1人分

即席ラーメン（辛ラーメン）	1袋
長ネギ	1本
牛肉薄切り	100g
サラダ油	大さじ1
モヤシ	50g
水	550㎖
A　唐辛子粉	大さじ1
しょうゆ	大さじ1
こしょう	少々

作り方 （所要時間：20分）

1. 長ネギは細切りし、牛肉は4cm幅に切る。

2. ボウルに1をすべて入れ、Aと和えておく。

3. 鍋にサラダ油をひき、2を入れて炒める。肉の色が変わったら、水550㎖を入れる。沸騰したら、麺を入れて5分ほど煮る。

4. 火を止めて、モヤシを入れて、さっと混ぜてから器に盛る。

NO 4　ラーメンチヂミ
라면전

材料　1人分

即席ラーメン（辛ラーメン）	1袋
長ネギ	1本
ベーコン	2枚
サラダ油	大さじ3
ラーメンのスープ粉	1/2袋

作り方 （所要時間：20分）

1. 長ネギは小口切りにして、ベーコンは2cm幅に切っておく。

2. 麺は2分ほどゆでて、ざるに上げ水気を切る。ボウルに移して1の材料を入れてラーメンのスープ粉1/2袋を入れ、よく混ぜる。

3. フライパンにサラダ油を入れ、油の温度が上がったら中火にして2を薄くのばし、たっぷりの油を使って揚げるように焼く。両面に焼き色がついたら完成。

韓国ドラマを見ながらつまみたい
おつまみレシピ5

休日や仕事終わりに、一杯やりながら、
大好きな韓国ドラマを鑑賞するのが至福の時間、という人も多いはず。
そんなときに用意したい韓国風おつまみをご紹介。
お酒とともに味わえば、よりハッピーな時間になること間違いなし！

№1 つぶ貝の和え物
골뱅이무침

材料 2人分

つぶ貝の缶詰	200g
セリ	50g
玉ネギ	1/2個
キュウリ	1/2本
いりごま	適量

A 唐辛子粉	大さじ3
梅エキス	大さじ3
（または、砂糖 大さじ1と1/2）	
しょうゆ	大さじ3
酢	大さじ1
缶詰の汁	大さじ2
ごま油	小さじ1

作り方 (所要時間：20分)

1. つぶ貝の缶詰をざるに上げ、一口サイズに切る。汁は捨てずにとっておく。

2. セリはよく洗い、5cmの長さに切る。玉ネギは薄切り、キュウリは縦に半分に切ってから斜め切りにする。

3. ボウルにAを入れ、混ぜ合わせる。

4. 1と2と3を混ぜ、皿に盛り、最後にいりごまを散らす。

POINT

貝と野菜のヘルシーな一品。韓国人が大好きなお酒のおつまみです。時間が経つと野菜から水分が出て味が薄くなるので、食べる直前に作るのがおすすめ。

№2 タテギフレンチポテト
다데기후렌치후라이

材料 2人分

冷凍フレンチポテト	300g
タテギ（P114参照）	100g
スライスチーズ	2枚
こしょう	適量

作り方 （所要時間：20分）

1. 冷凍フレンチポテトを袋の表示通りに揚げる。

2. 1のフレンチポテトを器に盛り、スライスチーズ、タテギをのせ、こしょうで味をととのえる。

POINT

ポテトの甘み、タテギのスパイシーさ、チーズのコクがベストマッチ。手が止まらなくなること必至！ ボリューム満点なので、ホームパーティー料理にも喜ばれます。

材料　2人分

キュウリ	1本	【ディップソース】	
ダイコン	1/4本	コチュジャン	大さじ1
ニンジン	1/2本	ピーナッツバター	大さじ1
		オリゴ糖	大さじ1
		水あめ	大さじ1
		（または、オリゴ糖）	
		ごま油	小さじ1
		刻んだナッツ類	大さじ1

コチュジャンディップの野菜スティック

고추장디핑 야채스틱

作り方（所要時間：10分）

1. キュウリの両端を切り落とし、食べやすい長さに切ってから棒状に切る。

2. ダイコン、ニンジンはそれぞれ皮をむき、棒状に切る。

3. ディップソースを作る。ボウルにすべて入れ、よく混ぜ合わせる。

4. 皿に1、2の野菜を盛り、3を添える。

POINT

パプリカやセロリなどの野菜にもよく合います。ピリ辛のディップはお酒のおつまみにピッタリですが、子どもが食べる場合は、コチュジャンの量を加減してみて。

材料　1人分

イカ	1杯	【酢コチュジャン】	
塩	大さじ1/2	コチュジャン	大さじ1
酒	大さじ1	酢	大さじ1
		砂糖	大さじ1
		唐辛子粉	大さじ1/2
		おろしニンニク	小さじ1
		ごま油	小さじ1

ゆでイカの酢コチュジャン添え

오징어숙회

作り方（所要時間：15分）

1. 沸騰したお湯に塩と酒を入れ、洗ったイカを2分ほどゆでる。ゆで上がったらざるに上げ、水気を切る。

2. 酢コチュジャンを作る。ボウルにすべて入れ、よく混ぜ合わせる。

3. 1のイカを食べやすいサイズに切り、皿に盛り、2の酢コチュジャンを添え、つけて食べる。

POINT

韓国では刺身もしょうゆではなく、酢コチュジャンをつけて食べます。野菜につけたり、海藻と和えたりしてもおいしいので、少し多めに作っておくと便利です。

№5 干し柿のクリームチーズロール
크림치즈호두곶감말이

材料　2人分

干し柿	4個
くるみ	4個
クリームチーズ	100g

POINT

柔らかいクリームチーズは、少し冷凍庫で冷やすとカットしやすくなります。干し柿の甘さとクリームチーズのしょっぱさがクセになる味。ワインのお供にぜひ！

作り方（所要時間：20分　※冷やす時間含まず）

1. 干し柿のヘタを取る。真ん中に切り込みを入れて観音開きにし、干し柿の種を取る。

2. ラップに1の干し柿を置き、麺棒で伸ばす。その上にクリームチーズを均等に塗り、くるみをのせる。

3. ラップごと干し柿を巻き、キャンディー包みにする。

4. 冷凍庫に20分ほど入れ、輪切りにして皿に盛る。

手間がかかるがおいしい！
手作りキムチ料理と鍋8

ドラマに必ずといっていいほど出てくるキムチ。市販のものもおいしいですが、
ドラマ通ならば、一度、自分で作ってみてはいかが？
おいしくて、安心・安全、しかもいろいろなレシピに使えるから、結果、安い！
時間のあるときにたくさん漬けてみよう！

1 白菜の塩漬けを作る

用意するもの

白菜	1株
水	3ℓ
粗塩	300g

作り方

1. 水に粗塩を入れて塩がとけるまでよ
く混ぜ、塩水を作る。白菜は外側の
萎びた葉は取り除いておく。根元に
包丁を入れ切って4等分する。

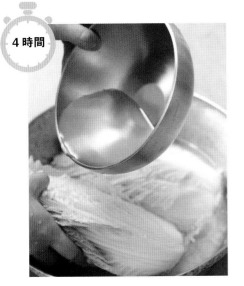

4 時間

2. 1の塩水に白菜の切り面を下向けにして2時間漬けておく。2時間経ったら白菜を裏返して、また2時間漬けておく。

3. 漬けるときは、取り除いた外側の葉で蓋をして暗くする。外側の葉は、あと（P91の③）で使うので取っておく。

4. 白菜の固い部分を折ってみて、白菜が切れなかったら上手に漬け上がっている証拠。

**1 時間
以上**

5. 流水で洗い、水が切れやすいように白菜の断面を下や横にして、1時間以上置く。

2 キムチヤンニョムを作る

材料　白菜1個分

ダイコン		1kg
万能ネギ		100g
唐辛子粉		大さじ7
A	イワシのエキス	75g
	あみの塩辛	75g
	おろしニンニク	50g
	ショウガ	10g
	冷ご飯	80g
	砂糖	大さじ1と1/2
	梅シロップ	大さじ1と1/2

（ない場合は、砂糖の量を大さじ3に増やす）

POINT

イワシのエキスとあみの塩辛は代用する
ものがありません。事前に必ず購入を。

作り方

1. ダイコンは千切り、
　　万能ネギは5cm長さに切る

2. Aを全部混ぜ、
　　ミキサーにかける

3. 大きいボウルにダイコンと万能
　　ネギを入れ、唐辛子粉をかけ、
　　ミキサーにかけたAを加える。

4. すべてをよく混ぜて10分くら
　　い置いておく。

3 白菜をキムチヤンニョムに漬ける

作り方 🥄

1. 塩漬けした白菜の断面を上にして、白菜の根元にキムチヤンニョムを挟むように入れ込んでいく。すべての葉の間に挟んでいく。

2. 保存容器に、断面からキムチヤンニョムが出ないようにしながら隙間なく詰める。

3. 空気が入りにくくするために、取っておいた外側の葉を上に乗せる(ない場合はラップでも可)。

4. 保存容器に蓋をして、2〜3日常温で熟成させてから冷蔵庫に移す。古漬けは酸味が出てくるまで漬ける。

できあがり!

ダイコンキムチ
깍두기

材料　2人分

ダイコン	1本
万能ネギ	50g
粗塩	大さじ1
ヤクルト	1本
キムチヤンニョム	200g
(P88参照)	

作り方 (所要時間：約90分　※漬け時間を含む)

1. ダイコンは2cm角に切り、ボウルに移して、塩とヤクルトに1時間くらい漬けておく。

2. 万能ネギを3cmぐらいの長さに切る。

3. 漬けたダイコンをざるに上げて、よく水気を取り、ボウルに移す。キムチヤンニョムを入れて絡めて、万能ネギを入れれば完成。

POINT

日本のダイコンは韓国のものと比べると水分を多く含んでるので、ダイコンの水分を取り除くのが大きなポイント。水分を切ることでポリポリした食感のカクテキになります。

キュウリキムチ
오이김치

材料　2人分

キュウリ（太いもの）	5本
ニラ	1/2束
粗塩	大さじ2
キムチヤンニョム（P88参照）	100g

作り方（所要時間：約130分　※漬け時間を含む）

1. キュウリは長さの三等分に切ったあと、端を1.5cmぐらい残し、縦に十文字を入れて切る。粗塩をふったキュウリを手でよくもみ、2時間ぐらい漬けて、ざるに上げ、水気を取る。

2. ニラは2cmに切る。

3. キムチヤンニョムとニラを混ぜ、キュウリの十文字部分に入れ込む。

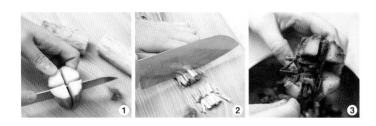

POINT

ていねいに作るときはキュウリに十文字の切り目を入れますが、簡単に作るときはキュウリを食べやすい大きさに切り、みじん切りしたニラとキムチヤンニョムに和えるだけでもおいしくできます。

長芋リンゴキムチ
마사과김치

材料　2人分

長芋	250g
リンゴ	1/2個
万能ネギ	3本
キムチヤンニョム	大さじ2
(P88参照)	
梅エキス (または、砂糖)	小さじ1

作り方 (所要時間：10分)

1. 長芋とリンゴは皮をむいて、細く切る。万能ネギは1cmの長さに切る。

2. 1をボウルに移し、キムチヤンニョムと梅エキスを加えて絡める。冷蔵庫で少し置いておくと味が染み込む。

POINT

熟す前の硬めの柿や洋梨なども、同じやり方で漬けることができます。旬の食材を使ってチャレンジしてみてください。

キムチチャーハン
김치볶음밥

材料　2人分

冷ご飯	300g
古漬けキムチ	100g
コチュジャン	小さじ1
砂糖	小さじ1
ベーコン （または、スパム）	50g
バター	10g
卵	1個
刻み海苔、ごま	適量

作り方（所要時間：15分）

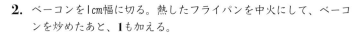

1. 古漬けのキムチを軽く絞り、コチュジャンと砂糖で味をととのえる。

2. ベーコンを1cm幅に切る。熱したフライパンを中火にして、ベーコンを炒めたあと、**1**も加える。

3. 冷ご飯も入れ、よく混ぜながら炒める。

4. 最後にバター入れ混ぜたら、火を止め、皿に盛る。

5. チャーハンの上に目玉焼きをのせ、刻み海苔、ごまをかける。

POINT

韓国では1年もののキムチを使うことも。古漬けのキムチは酸味が強くなってるので、コチュジャンと砂糖で甘みを加えると、酸っぱさを減らしてくれます。

キムチチゲ
김치찌개

ALBUM/アフロ

高校をたった1日で退学になってしまった
セロイ。父に居酒屋に連れていかれ、セロ
イはお酒の嗜み方を教わる。世の中の不条
理を知ったときに食べたのがキムチチゲ
だった。

材料 4人分

古漬けキムチ	600g
スペアリブ	500g
木綿豆腐	1/2丁
あみの塩辛	大さじ1
水	500㎖
長ネギ	2本

A 韓国みそ	大さじ1
インスタントコーヒー	小さじ1
長ネギ（青い部分）	2本
水	500㎖

B サラダ油	大さじ1
ごま油	大さじ1
砂糖	大さじ1/2
みりん	大さじ1
唐辛子粉	大さじ1

作り方 (所要時間：90分)

1. スペアリブは30分以上、水に浸けて血抜きをする。

2. スペアリブを入れた鍋にAを入れて、沸騰してから5分ゆでる。

3. ゆでたスペアリブは水できれいに洗って水気を切っておく。

4. キムチは軽く水気を取り、5cm長さに切る。キムチの汁は捨てないで取っておく（旨みプラス用に）。

5. 鍋に切ったキムチとBを加え、強火で炒める。その後、そのまま水を入れ、強火で10分ほど煮込む。

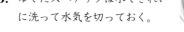

6. スペアリブと斜め切りした長ネギとあみの塩辛を加えて、蓋をして中火で30分以上煮込む。最後に豆腐を加え、弱火で5分煮込み、小口切りした長ネギを飾る。

POINT

キムチチゲは通常、海鮮を入れることが多いのですが、今回はスペアリブで作ってみました。ボリュームが出て、また違う味が楽しめると思います。味見をして何か足りないと思った場合は、キムチの汁を加えると旨みがプラスされます。

トッポギラーメン鍋
즉석떡볶이

Everett Collection/アフロ

「青春の記録」第3話に
出てくるトッポギラーメン鍋

普段は外食をしないジョンハがヘジュンの
誘いでトッポキ鍋を食べに行く。「トッポ
ギはソウルフード！」とはしゃぐジョンハ
は思わず咳き込み、ヘジュンがジョンハの
背中を叩いてあげる。

材料　4人分

トッポギ用餅（米餅）	200g
即席ラーメン	1袋
四角おでん （または、さつま揚げ）	3枚
卵（ゆで）	1個
キャベツ	2枚
玉ネギ	1/2個
長ネギ	2本
エゴマの葉	少々
水	300㎖

A	コチュジャン	大さじ2
	砂糖	大さじ2
	しょうゆ	大さじ2
	唐辛子粉	大さじ1
	塩	小さじ1

作り方 （所要時間：30分）

1. 餅を柔らかくするため、10分ぐらいゆでて水気を取る。Aを混ぜて、合わせ調味料を作る。

2. 四角おでんは三等分し、キャベツはざく切り、玉ネギは千切り、長ネギは斜め切り、エゴマの葉は千切りにしておく。即席ラーメンを2等分に割っておく。

3. 大きくて浅い鍋に野菜を入れ、上に餅、四角おでんを並べる。具材中央に合わせ調味料を入れて、水を加えたら強火にかける。餅が柔らかくなったら中火に。

4. 最後に即席ラーメンを入れ、一煮立ちしたら火を止め、ゆで卵、エゴマの葉をのせて完成。

POINT

辛いのが好みの方は、唐辛子粉の量を増やしましょう。最後に余っただしに、冷ご飯と刻み海苔、ごま油を入れ、チャーハンを作って二度楽しむのが韓国スタイル。

ホルモン鍋
곱창전골

材料 4人分

牛ホルモン (ボイル済)	350g
牛すね肉	100g
シイタケ	3枚
しめじ	30g
玉ネギ	1/2個
白菜	3枚
長ネギ	1本
春菊	30g
乾燥春雨	50g
牛すね肉のスープ (P26参照)	800㎖

A 唐辛子粉 大さじ1、コチュジャン 大さじ1と1/2、韓国みそ (または、赤みそ) 大さじ1/2、しょうゆ 大さじ1と1/2、おろしニンニク 大さじ1、みりん 大さじ1、こしょう 少々

作り方 (所要時間:40分)

1. 牛すね肉はよく洗い、1時間ほど水に浸し、血抜きをしたら、食べやすいサイズに切る。

2. シイタケ、しめじ、玉ネギ、白菜は千切り、長ネギは斜め切り、春菊は5cmの長さに切る。

3. ボウルにホルモン、牛すね肉、Aをすべて入れよく混ぜる。

4. 鍋にシイタケ、しめじ、玉ネギ、白菜、

Everett Collection/アフロ

📺 「私たち、恋してたのかな？」
第3話に出てくるホルモン鍋

エジョンの母が、昔馴染みであるヨヌを
家に招待し、ホルモン鍋を振舞う。住む
ところを探しているというヨヌに「うち
に住まないか」と誘い、一緒に食卓を囲
んでいた孫のハニを驚かせる。

その上に**3**を
乗せ、牛すね
肉のスープを
注ぎ、強火に
かける。

5. 沸騰したら中
火にし、15分
ほど煮る。最
後に長ネギ、
春菊、春雨を
入れ、柔らかくなったら完成。

POINT

余ったスープにご飯とごま油
を加え、雑炊にするのもおす
すめです。

餃子鍋
만두전골

闘病中のミンソンが食べたいと願った餃子鍋。元カノであるチャヨンは素性を明かさず、こっそり差し入れるが、ミンソンは一目で彼女が作ったものだと確信する。

材料　2人分（餃子20個分）

【餃子】

餃子の皮	20枚
豚挽肉	150g
木綿豆腐	100g
ニラ	50g
乾燥春雨	50g
モヤシ	50g

A	塩	小さじ1
	おろしニンニク	大さじ1
	ごま油	小さじ1
	薄口しょうゆ	小さじ1
	こしょう	少々

【スープ】

牛すね肉のスープ（P26参照）	1.5ℓ
白菜	3枚
長ネギ	1本
しめじ	50g
おろしニンニク	小さじ1
イワシのエキス （または、薄口しょうゆ）	小さじ1

作り方（所要時間：1時間）

【餃子】

1. 木綿豆腐は崩してキッチンペーパーで包み、水切りする。

2. ニラはみじん切りにする。春雨、モヤシはゆでて水気を切り、みじん切りにする。

3. ボウルに豚挽肉、1の豆腐、2のニラ、春雨、モヤシ、Aの調味料をすべてを入れ、よく混ぜる。

4. 餃子の皮の中央に3のたねを乗せ、皮の縁に水をつけて、半分にたたみ、開かないように指で縁を軽く押さえる。

5. 餃子の両端を重ね、合わせ目に水をつけて留める。

餃子　餃子　スープ

④　⑤　❷

【スープ】

1. 白菜は千切り、長ネギは斜め切りにする。

2. 大きくて深い鍋に**1**を入れ、その上に餃子としめじを乗せ、牛すね肉のスープをひた
ひたになるくらいまで加え、強火にかける。沸騰したら中火にし、おろしニンニクを
入れ、餃子に火が通るまで煮る。

3. 最後にイワシのエキスで味をととのえる。

POINT

餃子の包み方は一見難しそうですが、意外と簡単。一口で食べ
やすく、口の中で肉汁が広がります。スープが残ったら、最後
にうどんを入れてもOK。タテギ（P114）を加え、辛口にして
もおいしいです。

ヒゼ先生が厳選！

ソウルの食材手帳

ヒゼ先生が実際に行っている、ソウルのとっておきの
食材のお店をお教えします！

新世界デパート
신세계백화점

住所：ソウル特別市 中区 忠武路
　　　1街54
アクセス：4号線「会賢駅」
　　　　　7番出口直結
日本語：一部可

ヒゼ先生がよく購入するもの

イワシのエキス	あみの塩辛	韓国産エゴマ油
900 ㎖	280g	300 ㎖
W10000	W9800	W23800

市場に行く時間がなかったり、小分けしたいお土産を買いたい場合は、明洞にある新世界デパートの地下食品売り場がおすすめ！　日本ではなかなか手に入らないエゴマ油、韓国産唐辛子粉、塩辛や海苔、韓国お菓子などお土産もたくさんあります。

中部市場
중부건어물시장

住所：ソウル特別市 中区 乙支路36キル35
　　　中部市場
アクセス：2号線「乙支路4街駅」
　　　　　7番出口 徒歩3分
　　　　　5号線「東大門歴史文化公園駅」
　　　　　7番出口 徒歩6分
日本語：不可

明洞と東大門の間にあるアクセス至便な、"食材の宝庫"。細い道に約1000店もの小さな商店がひしめきあっています。夜明けから朝までは卸しの商人でごった返しているが、夕方になると晩ご飯の材料を買いにくる主婦の拠り所に。質がよくて、値段はデパートより20～30%安く買えますよ。

👣 1番出口から150m先

塩辛専門店
ナムサンサンフェ
남산상회

> ヒゼ先生が
> よく購入するもの

あみの塩辛
　ユッジョッ　500g W40000
　チュジョッ　500g W10000
タコの塩辛　500g W8000
明太子　500g W10000
エゴマの葉の漬け　500g 5000W

あみの塩辛はエビの種類によってユッジョッとチュジョッに分かれ、ユッジョッがいちばんいいものといわれますが、値段が高いのでキムチに入れるのはチュジョッでもOK。

👣 1番出口から
150m先を右折

煮干し・昆布・ワカメ
プサンサンフェ
부산상회

> ヒゼ先生が
> よく購入するもの

煮干し　1.5kg W30000
昆布　400g W7000
ワカメ　350g W7000

韓国家庭料理には欠かせない煮干しだしの煮干しや、昆布を多量に買うときに行きます。デパートより相当安いので料理好きな人にはおすすめ。

👣 1番出口から100m先の左側

干し柿、ナツメ、松の実
サゴリミョルチ　사거리멸치

> ヒゼ先生が
> よく購入するもの

干し柿　7個入り W10000
ナツメ　300g W5000
松の実　500g W60000

質がよい干し柿を一年中買えるので、よく行く店のひとつ。その他のドライフルーツやナッツ類も豊富。

韓国通貨 W1000＝94.16円（2021年1月25日現在）

これがあったら より韓国料理がおいしくなる！

日本と韓国、食材は一緒なのに、なぜか「韓国風」になるのは、なぜ？
それは、オイルや調味料が違うから。
より韓国らしい味が再現するために、韓国の調味料を集めてみて。

エゴマ油（トゥルギルム）

韓国では、料理によってごま油とエゴマ油を使い分けます。韓国産は高温で焙煎していることが多く、日本のように健康目的で飲むというより、風味で選ぶオイルです。

┃ 使いたいレシピ ┃

簡単しょうゆダレなど

韓国産水あめ（ムルヨッ）

韓国では砂糖よりも水あめをよく使います。韓国の水あめは日本のものより、ゆるくて使いやすいのが特徴。やさしい甘みで和え物や佃煮などにも最適！

※本書でオリゴ糖と書いてあるものは水あめで代用できます。

┃ 使いたいレシピ ┃

ミョルクポックム、うずらの卵の煮物、さきイカの甘辛ダレなど

まだある、韓国の食材

粗塩

自然の恵みがたっぷりつまったまろやかで優しい味わいの塩。一粒ずつが大きく、ゆっくりとけて食材になじんでゆくので、キムチ作りにはピッタリ。

冷麺（ネンミョン）

そば粉を主原料に、つなぎに片栗粉やジャガイモのでんぷん、どんぐり粉を使った冷麺。ゆがく時間は1〜2分程度。独特の弾力があります。

韓国春雨（タンミョン）

サツマイモで作る春雨。緑豆に比べ、太くて弾力もあり、もっちりした食感に。チャプチェを作る際は韓国の春雨を使ってみましょう。

韓国餅（トッ）

うるち米で作られた韓国の餅。粘りが少なく歯ごたえがあるのに加熱しても煮崩れしないのが特徴です。

一瞬で韓国風になる！
おいしい万能ダレ5

万能しょうゆダレ
万능간장타래

材料 (サラダ2人分)

【万能しょうゆダレ】

しょうゆ	大さじ2
イワシのエキス (または、ナンプラー)	大さじ2
梅エキス (または、砂糖 大さじ1と1/2)	大さじ3
水あめ (または、オリゴ糖)	大さじ1
ごま油	大さじ1
おろしニンニク	大さじ1
唐辛子粉	大さじ2

作り方 (所要時間：15分)

1. ボウルに材料すべてを入れ、よく混ぜ合わせる。

● **万能しょうゆダレサラダ 2人分**
サンチュ 80g、エゴマの葉 10枚、
キュウリ 1/2本、万能しょうゆダレ 大さじ3、
酢 大さじ2

【作り方】
手で一口大に切ったサンチュ、エゴマの葉、縦
半分に切ってから、斜め切りにしたキュウリを
軽く混ぜ、器に盛る。最後に万能しょうゆダレ
に酢を加えたドレッシングをかける。

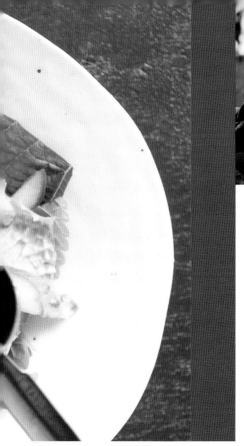

Photofest/アフロ

「愛の不時着」第3話に 出てくるジャガイモチヂミに 使う万能しょうゆダレ

"南"からの来訪者を詮索しに、村の奥様方が、ジョンヒョク家へ押し掛ける第3話。その際、手土産となったジャガイモチヂミは、万能しょうゆダレをつけて食べるとおいしさ倍増だ。

❶

万能しょっゆタレは冷蔵庫で2週間ほど保存可能。多めに作っておくと、チヂミのタレや、サラダのドレッシング以外にも、スープの味をととのえるときにも使えますよ。

甘辛ヤンニョム
달콤매운양념

Everett Collection/アフロ

「スタートアップ：夢の扉」第8話に出てくる甘辛チキンに使う甘辛ヤンニョム

仕事がうまくいかず落ち込む仲間を励ますため、ダルミが甘辛チキンをご馳走する。その味の決め手として、欠かせないのが甘辛ヤンニョムだ。

材料（甘辛チキン2人分）

【甘辛ヤンニョム】

コチュジャン	大さじ2
しょうゆ	大さじ1/2
唐辛子粉	大さじ1
おろしニンニク	大さじ1
水あめ （または、オリゴ糖）	大さじ2
砂糖	大さじ1
水	大さじ1

作り方（所要時間：5分）

1. 甘辛ヤンニョムを作る。材料すべてをボウルに入れ、よく混ぜる。

● **甘辛チキン 2人分**

市販の鶏の唐揚げ	300g程度
くるみ	大さじ1

【作り方】

1. 鶏の唐揚げはレンジで温め、冷めないうちに甘辛ヤンニョムをかけ、まんべんなく絡める。

2. くるみを刻み、1にふりかける。

POINT

甘辛ヤンニョムは、韓国では肉の下味やナムルの味付けによく使われる調味料です。鶏の唐揚げに甘辛ヤンニョムを絡めた甘辛チキンは韓国定番のファストフードで、大人から子どもまで大人気。ビールのおつまみにも合いますよ。

ケジャンのタレ
계장소스

 「キム秘書はいったい、なぜ？」
第10話に出てくるケジャンの
タレを使うカンジャンセウジャン

キム・ミソの姉たちに付き合っていること
を認めてもらうため、食べ放題の店でカニ
のケジャンを食べまくるヨンジュン。その
光景を見て、ミソや姉たちは冷ややか。

※番組ではカニのカンジャンケジャンです。

Everett Collection/アフロ

材料 (エビ20匹分)

【ケジャンのタレ】

玉ネギ	1/4個
干しシイタケ	1枚
リンゴ	1/4個
ニンニク	3片
ショウガ	1個
しょうゆ	150ml
薄口しょうゆ	25ml
みりん	100ml
梅エキス (または、梅酒)	50ml
砂糖	大さじ1
水	350ml
昆布 (5×5cm)	2枚
粒こしょう	5粒
鷹の爪	3個

作り方 (所要時間：20分)

1. すべての材料を大きな鍋に入れて強火に。沸騰したら中火にして15分ほど煮る。

2. ざるでこし、冷めてから、冷蔵庫で冷やす。

●カンジャンセウジャン（4人分）
エビ 20匹、ニンニク 3片、唐辛子 2本

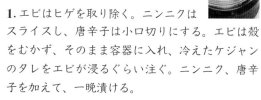

【作り方】

1. エビはヒゲを取り除く。ニンニクはスライスし、唐辛子は小口切りにする。エビは殻をむかず、そのまま容器に入れ、冷えたケジャンのタレをエビが浸るぐらい注ぐ。ニンニク、唐辛子を加えて、一晩漬ける。

2. 一晩漬けたらタレだけを取り除き、ニンニク、唐辛子とともに火にかけて沸騰させる。しっかり冷やしてから再び漬けて、冷蔵庫に入れる。2日目が食べ頃。

POINT

韓国ではこのタレはカニを漬けるのが一般的ですが、最近ではアワビ、サザエ、
牡蠣などにも使えます。日本ではカニは高価なので、今回エビで作りました。
赤エビなどを使うとおいしく作れます。

タテギ
다데기

「梨泰院クラス」の居酒屋
タンバムのスンドゥブチゲに
使うタテギ

「スンドゥブチゲ」のだしとなるタテギ。「最強屋台」というTV対決で、タンバムがチャンガの「納豆チゲ」を打ち負かし、セロイが歓声を上げる姿に感動した人も多いはず。

ALBUM/アフロ

材料 (まぜ麺4人分)

【タテギ】

ごま油	大さじ1
サラダ油	大さじ1
長ネギ	50g
合い挽肉	80g
玉ネギ	1/2個

A 唐辛子粉 大さじ1と1/2、おろしニンニク 大さじ1、しょうゆ 大さじ1、薄口しょうゆ 大さじ1、砂糖 大さじ1

●タテギのまぜ麺

タテギ	大さじ3
中華麺	1玉
ごまダレ	大さじ2
酢	大さじ1
パクチー	適量

【作り方】

中華麺は袋の表記通りの時間でゆでて、流水で洗い、ざるに上げる。麺を器に盛り、タテギとごまドレッシング、酢をかけてパクチーをのせると完成。

作り方 (所要時間：20分)

1. フライパンにごま油とサラダ油、みじん切りした長ネギを入れて、弱火にかけ、香りが出るまで炒める。

2. 焼き色がついたら、合い挽肉を入れて炒め、その後、みじん切りした玉ネギも入れて炒める。

3. 玉ネギが透明になったら、**A**を入れて混ぜ、中火にして5分ほど炒める。

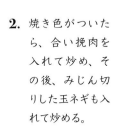

簡単しょうゆダレ
만능간장양념

ALBUM/アフロ

 「梨泰院クラス」第1話に
出てくる卵チャーハンに使う
簡単しょうゆダレ

高校転校の初日に父親と食事をする。セロイが手際よく作ったのが卵チャーハン。父はセロイに「腕をあげたな」と褒められる。セロイは「父に似たんだ」と応える。

材料 （卵チャーハン2人分）

【簡単しょうゆダレ】

しょうゆ	大さじ1
みりん	大さじ1
エゴマ油 （または、ごま油）	大さじ1
おろしニンニク	小さじ1

作り方 （所要時間：5分）

1. 調味料をよく混ぜるだけ。多めに作っておいて冷蔵庫で保管すれば、とても便利！

●卵チャーハン（2人分）
ご飯 300g、卵 2個、ズッキーニ 1/4本、ニンジン 1/4本、玉ネギ 1/2個、スパム 100g、サラダ油 大さじ1、こしょう 少々

【作り方（所要時間：20分）】

1. ズッキーニ、ニンジン、玉ネギ、スパムを7〜8mm角に切り、熱したフライパンにサラダ油を入れ、具材を入れて炒める。

2. 玉ネギが透明になったらフライパンの中央を開け、ご飯と簡単しょうゆダレを加え、混ぜながら炒める。

3. 2を皿に盛り、目玉焼き卵をのせ、お好みでこしょうを加える。

 POINT

ホウレン草やモヤシなど和え物に簡単しょうゆダレを混ぜるだけで立派なおかずに。

忙しいときのとっておき
韓国の常備菜 6

うずらの卵の煮物
메추리알조림

材料

うずらの卵 (水煮)	20個
シシトウ	10本
干しシイタケ	1枚
ニンニク	4片
A 水	200㎖
しょうゆ	大さじ4
水あめ	大さじ4
(または、オリゴ糖)	
砂糖	大さじ1

作り方 (所要時間：20分)

1. 鍋にAを入れて、うずらの卵、シイタケ、ニンニクを加えて中火にして火にかける。

2. うずらの卵に色がついたら、シシトウを加えて、弱火にして煮汁が少なくなるまで煮る。

Everett Collection/アフロ

「サイコだけど大丈夫？」
第15話に出てくる
うずらの卵の煮物

ムニョンはショックで食べられなくなってしまう。周囲の計らいでジュリの母にお粥とうずらの卵を食べさせてもらい、みんなの優しさに触れる。

POINT

栄養があって食べやすいので子どもにもOK。さらには、お酒のつまみにも最適な一品。韓国の家庭料理には欠かせない常備菜。

さきイカの甘辛ダレ
진미채볶음

材料

さきイカ	100g
マヨネーズ	大さじ1と1/2
ごま油	小さじ1
いりごま	少々

A コチュジャン 大さじ1、唐辛子粉 大さじ1/2、オリゴ糖 大さじ1、水 50mℓ、おろしニンニク 小さじ1、梅エキス(または、砂糖) 小さじ1

Everett Collection/アフロ

「ザ・キング」第9話に出てくるお惣菜の数々

母が作ったお惣菜をつまむク総理。「傘を取りに来た客が刺殺されたイ・リムとソックリだった」と話す母。ク総理は逆賊の息子がいるという噂が立ったら終わりだと臼を注意する。

作り方 (所要時間：10分)

1. さきイカはハサミで5cmほどに切ってボウルに入れ、マヨネーズで和えておく。

2. フライパンにAを入れ、中火にする。煮えたら火を止め、1を絡める。

3. 最後にごま油と、いりごまを入れて混ぜれば、完成。

POINT

白いご飯にのせて韓国海苔を巻いて食べるのが韓国風。ビールのおつまみにも相性抜群！

モヤシのナムル
콩나물무침

材料

豆モヤシ		1袋
ごま油		小さじ1
いりごま		少々
A	唐辛子粉	大さじ1
	薄口しょうゆ	大さじ1/2
	長ネギ (みじん切り)	大さじ2
	おろしニンニク	大さじ1/2
	塩	大さじ1/2
	砂糖	小さじ1

作り方 (所要時間：20分)

1. 豆モヤシはさっと洗う。

2. 沸騰したお湯に豆モヤシを入れ、蓋をして
   4分ほどゆでる。ゆであがったら水で洗い、
   ざるに上げ、水気を切る。

3. ボウルに**A**をすべて混ぜておく。

4. 別のボウルにゆでた豆モヤシ
   を入れ、ごま油を絡めたら、**3**
   を入れ、手で軽くもみながら
   混ぜ合わせる。

5. 最後にいりごまを入れて混ぜ合わせる。

Everett Collection/アフロ

「よくおごってくれる綺麗なお姉さん」第16話に出てくるモヤシのナムル

母親の代わりに食事の支度をするジナ。ご飯、スープ、モヤシのナムルなどの常備菜を家族で食べていると、母親がジナに見合いを強要。険悪ムードとなる。

POINT

ゆでたモヤシは、最初にごま油を絡めると水分が出にくくなり、味が薄まりません。
調味料は菜箸ではきちんと混ざらないので、手でやさしく混ぜましょう。

韓国風卵焼き
치즈계란말이

材料

卵	3個
ニンジン	1/4本
万能ネギ	1/2本
塩	小さじ1と1/2
おろしニンニク	小さじ1
ごま油	小さじ1
スライスチーズ (とろけるタイプ)	2枚
サラダ油	大さじ1

Everett Collection/アフロ

「サンガプ屋台」第9話に 出てくる卵焼き

ガンベは15年前に生き別れに なった息子ジュヌを探す女性を サンガプ屋台に連れてきた。息 子が好きだったというチーズ入 り卵焼きを出し、息子の行方を 探し始める。

作り方 (所要時間：20分)

1. ボウルに卵を入れ、みじん切りしたニンジ ンと万能ねぎを加え混ぜ合わせる。

2. 1に塩、おろしニンニク、ごま油を入れてよ く混ぜる。

3. フライパンにサラダ油をひいて中 火にする。2の1/3を流し入れる。 菜箸でかき混ぜながら熱し、半 熟になったらスライスチーズをのせて巻く。

4. 火が通るように弱火にし、残りの2を2回に 分けて焼く。

5. 全体に焼き色がついたら完成。

POINT

日本と違い、甘くなく、どちらかというと塩辛い卵焼き。韓国ではケチャップを つけて食べることが多いです。

豆腐の煮つけ
두부조림

材料

木綿豆腐	1丁 (300g)
サラダ油	大さじ2

A	水	150㎖
	唐辛子粉	大さじ2
	しょうゆ	大さじ2
	あみの塩辛	大さじ1
	梅エキス	大さじ1
	(または、砂糖 大さじ1/2)	
	おろしニンニク	小さじ1
	長ネギ (みじん切り)	大さじ1

作り方 (所要時間：25分)

1. 豆腐を1.5cm幅に切り、キッチンペーパーの上に乗せ、10分ほど水切りする。

2. ボウルで**A**をすべて混ぜ合わせ、タレを作る。

3. 熱したフライパンにサラダ油を入れ、豆腐を中火で焼く。

4. 両面きつね色になったら、**2**のタレを加え、中火で煮汁が少なくなるまで煮詰める。

Everett Collection/アフロ

「私たち、恋してたのかな？」第3話に出てくる豆腐の煮つけ

エジョンの母が、ハニの担任ヨヌを家に招待し、料理でもてなす。ヨヌに妙な質問をするハニを黙らせようと、彼女はハニの口に豆腐の煮つけを突っ込む。

POINT

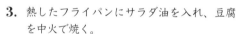

ご飯もお酒も進む一品。豆腐は煮崩れしにくい木綿豆腐を使うのがおすすめ。唐辛子粉の量を減らせば、辛いものが苦手な人や子どもにもOKです。

ミョルチポックム
멸치볶음

材料

ごまめ	100g
サラダ油	大さじ3
水あめ（または、オリゴ糖）	大さじ2
ごま油	大さじ1
アーモンド（無塩）	15g
いりごま	小さじ1

A　梅エキス（または、みりん）大さじ1、しょうゆ大さじ2、砂糖 大さじ1、おろしニンニク 小さじ1、水 大さじ2

「スタートアップ：夢の扉」
第7話に出てくる
ミョルチポックム

ダルミはドサンを家に招き、祖母に会わせる。そこへジピョンが押しかけ、4人で食卓を囲む。ダルミに嘘がバレないように3人は必死に振舞う。

作り方（所要時間：20分）

1. フライパンにごまめを入れ、弱火でから炒りする。箸で混ぜるとカラカラ音がするまで水分を飛ばしたら、バットに取り出す。

2. ボウルに**A**をすべて混ぜておく。

3. 熱したフライパンに**2**を入れ、沸騰したら**1**のごまめを戻し入れ、煮詰める。煮汁がなくなったらサラダ油を加えて炒める。

4. ごまめに煮汁が絡まったら火を止め、水あめ、ごま油、お好みの大きさに砕いたアーモンド、いりごまを入れて混ぜ合わせる。

5. **4**をバットに広げ、冷ましてから器に盛る。

POINT

ごまめは生臭さが残らないよう、しっかり炒ること。煮汁を絡めると、ごまめがくっつきやすいので、バットに広げてから器に移しましょう。

‣ ヒゼ先生の料理教室

日本に留学したあと、韓国・ソウルに戻り、自身の韓国料理教室「ヒゼ先生」を開講。
日本人の旅行客にワンデイクッキングも教えている。
ソウルを訪れた際にはぜひ足を運んでみて！

住所：ソウル特別市城東区玉水洞191-3　3F
予約・お問い合わせは ホームページ：hizesensei.com
Instagram：@hizesensei

おわりに

私の初めての本はいかがでしたでしょうか？
2020年10月より、韓国のスタッフとともに
ソウルで撮影を行いました。

日本でも大人気の韓国ドラマを通じて、韓国の家庭料理などを
知ってほしいと思い、本書を作りました。
実は、見た目よりも時間や手間がかかる料理もたくさんあります。
その手間があってこそ、おいしくできあがります。
ですので、その手間を惜しまずに作ってください。

最後になりますが、本書を作るにあたり協力してくださった
フン・シンさん、パク・ユジンさん、
そして、日本のスタッフに感謝を申し上げます。
この本を世に出させてくれた徳間書店にも感謝を申し上げます。

一冊の本が、そして、一皿の韓国料理が、
韓国と日本の懸け橋になりますように。

チェ・ヒゼ

Dining Director

ヒゼ先生（チェ・ヒゼ）

服部栄養専門学校卒業後、韓国・ソウルの淑明女子大学校大学院にて伝統食生活文化課程修了。宮廷飲食研究院では伝統飲食文化課程修了。韓国で自身のレストラン経営をする傍ら、個人経営レストランのコンサルタントやメニュー開発などにも携わる。現在はソウル・玉水（オッス）にて韓国料理教室「one day cooking class」（日本語可）を運営するほか、現代デパートソウル店でもレッスンを行っている。

企画・編集・執筆 ── 橋本優香

執筆 ── 竹内志津子

装丁・本文デザイン ── 祝嶺佳代

撮影 ── フン・シン　훈신

　　　── 片岡祥

スタイリスト ── パク・ユジン　박 유진

DTP ── 若松隆

写真提供 ── 株式会社アフロ

ヒゼ先生の無性に食べたくなる！

韓国ドラマの定番ごはん

2021年2月28日　初版第1刷発行
2021年6月20日　初版第2刷発行

著　者　ヒゼ先生

発行者　小宮英行
発行所　株式会社徳間書店
　　　　〒141-8202　東京都品川区上大崎3-1-1
　　　　目黒セントラルスクエア
　　　　電話　編集 03-5403-4350
　　　　　　　販売 049-293-5521
　　　　振替　00140-0-44392

印刷・製本　株式会社廣済堂